文明经典 一

《文明经典》教材编写组◎编

唐　杰　黄　铭◎主编

重庆大学出版社

图书在版编目（CIP）数据

文明经典：一 / 唐杰，黄铭主编.--重庆：重庆
大学出版社，2023.8（2023.10重印）
ISBN 978-7-5689-4106-8

Ⅰ.①文… Ⅱ.①唐…②黄… Ⅲ.①中华文化—高
等学校—教材 Ⅳ.①K203

中国国家版本馆CIP数据核字（2023）第155060号

文明经典（一）

《文明经典》教材编写组 编

主编 唐 杰 黄 铭

策划编辑 张慧梓

责任编辑：张慧梓 版式设计：张慧梓
责任校对：关德强 责任印刷：张 策

*

重庆大学出版社出版发行
出版人：陈晓阳
社址：重庆市沙坪坝区大学城西路21号
邮编：401331
电话：(023) 88617190 88617185（中小学）
传真：(023) 88617186 88617166
网址：http://www.cqup.com.cn
邮箱：fxk@cqup.com.cn（营销中心）
全国新华书店经销
重庆升光电力印务有限公司印刷

*

开本：720mm×1020mm 1/ 16 印张：12 字数：185千
2023年8月第1版 2023年10月第2次印刷
ISBN 978-7-5689-4106-8 定价：38.00元

文明以止，立德树人。

大学的教育职能，与国家和人类文明的兴衰紧密联系，一流大学的生命力向来就在于其自觉地植根于文明传统、担当促进文明永续发展的使命。因此，综观世界著名大学的人才培养，除了注重专业训练外，都要通过文明传统教育，培养学生远大的志向、正确的国家认同和文明意识，从而构成一所大学的精神抱负与卓越意识的坚实基础。

21 世纪以来，面对国家与社会对高等教育和人才培养提出的新需求和高要求，中国大学纷纷开始注重以经典阅读为核心的人文通识教育。重庆大学从 2020 年开始谋划，到 2021 年秋季学期正式开设"文明经典"人文通识核心课程，每年覆盖约 6500 名大一新生，实现了通识教育从 1.0 阶段的分布式选修课程，向 2.0 阶段的共同必修课程的转变，这是学校本科教育发展史上的一件大事。

这一开创性工程，立足"培养什么人、怎样培养人、为谁培养人"这一根本问题，发掘基础文科对于学生成才的重要意义，以经典阅读的方式实施成体系的"文明传统"教育，致力于在专科学习之外，培养"有文化的"社会主义建设者和接班人。通俗而言，课程设置的朴素初衷是希望无论学生学习什么专业、将来从事什么工作，作为受过高等教育的大学生，首先都应该是有着文明自觉意识的"读书人""文化人"，具备家国情怀和全球文明的历史视野。

　　刚柔交错，天文也；文明以止，人文也。观乎天文以察时变，观乎人文以化成天下。（《易传》）

　　天文者，自然之规律；人文者，社会之教化。通乎天文而修之以人文，对于现代高等教育人才培养来说，我们笃定这两者是不可或缺的。

为统筹推进课程建设，学校在2021年6月成立由时任重庆大学校长张宗益教授亲自牵头负责的人文通识核心课程建设领导小组，举全校之力，协调各职能部门从制度、资金、平台等各个方面给予支持保障，营造文明传承、文明交流互鉴的教学与读书环境。承担课程教学任务的博雅学院全体教师，以服务全局、担当奉献为旗帜，成立课程组，设立召集人和经典导师，采取集体研讨等形式，克服各种困难，在时间紧、任务重的条件下，实现教师自身的全员通识、跨学科交流，完成了教案讲义和上课准备，确保课程顺利开课。

在课程运行进入第三个学年之际，"文明经典"课程的教材即将付梓，体现了重庆大学教学管理运行和课程建设的务实作风与高效率，也意味着课程组全体教师的心血终于有了第一个可见的结晶，这是无论如何都让人欣喜的事情。值此机会，对在本教材中呈现的内容和体例，作出以下几点说明：

一是关于"文明"的指涉范围。从课程设计的理想状态而言，本课程应该对世界几大文明的主要经典都要有所反映，但考虑到学科基础和师资储备，以及学时、学分要求等既有条件，从便于实施的角度，课程暂且分为"文明经典A"和"文明经典B"，分别涉及中华文明经典和西方文明经典。当然，以字母排序命名，也就期待着或者不排除将来随着相关条件的具备，会开设C、D、E等等的课程，以及通过其他配套的文化讲座与活动，来弥补现有的不足。而在出版时，A、B课的教材名称分别为《文明经典一》《文明经典二》。

二是关于"经典"的编列选择。即使中西文明经典，其数量也是汗牛充栋，我们首先从"人文通识"的角度，排除了自然科学类经典，这并非因为它们不重要，而毋宁说它们太重要，也应期待将来建设另一门相关的核心课程；其次是根据历史顺序，按照文明自我更新演化的内在线索，选择每一阶段的代表性文本，并力图在总体上涵盖文、史、哲、政四个横向维度。因此，每个文本都体现一个单元主题，反映文明演化过程的一个阶段和侧面，而它们共同勾勒出了文明的整体轮廓。

三是关于"主题"的不完整性。在最初的课程方案中，几经酝酿论证，我们在中西文明中各选择了12本经典，分别对应12个单元主题，以严格体现中西文明演化发展的各个典型阶段及其特征。但是在集体备课研讨和实际教学过程中，讲义有成熟和不成熟之别，课程教学和学生学习的实际容量也有限，为此我们按照先成熟先教学的思路，A、B课程各确定了6本必读必讲经典，其他则为选讲经典。在此呈现的是第一批成熟的6本经典讲读，随着课程建设的继续，将来还会不断修订和增补其他主题的经典讲读内容。

四是关于"通识写作"的内容。核心课程设计了课前预读、读书报告、小班讨论和大班授课四个教学环节，旨在通过全面强化过程和研讨，让学生真正"进入"和"感受"经典，并培养文献阅读、沟通交流、说理写作等多方面能力。每个学期A、B课程共有约70个教学大班行课，约210个小班开展讨论1000多场，而每个学生需要提交6次读书报告，总数近4万篇。从实际效果来看，2022年6月本科生院对4096名学生的调查显示，课程总体正面肯定达到了79.84%，其中超过一半的学生认为，本课程中最能促进学习的是读书报告写作环节，这一环节使学生的写作能力得到了极大提升。为反映相关教学环节的成果，我们在本教材中专门安排一章，对经典阅读类读书报告写作给予指导。

五是关于"体例"的安排和撰写分工。为确保单元主题的明确和内在线索的连贯，本教材的每一章涉及一部经典，体现文明自我更新演化中的一个主题，同时章前有主题提示和内容引导，章后有"结语"、思考题和扩展阅读建议等，以促进学生按照我们梳理的线索和要义深入把握文本。

《文明经典一》各章内容的作者如下：第一章吴娇（《诗经》），第二章袁敏（《庄子》），第三章慕容浩（《史记》），第四章万曼璐（《世说新语》），第五章黄铭（《唐律疏议》），第六章秦峰（《传习录》），第七章石磊（通识写作）。各章作者提交书稿后，编委会成员唐杰、黄铭、龚泽军、李广益、董涛分别领取1～2章内容作了编审和修订。为确保内容要点的完善和风格的统一，由唐杰和黄铭做了整体的统稿工作，并补充了编者序和导论。

最后要感谢关心支持这套教材出版的学校各部门和社会各界！感谢重庆大学出版社副总编雷少波、策划编辑张慧梓，他们的高瞻远瞩、督促指导和细致工作，是本教材能顺利出版的关键。

从文明传统教育的高度，将习惯上已分属各学科的经典放在一起，按照内在线索进行串讲，开设大规模的核心课程，这在国内还属于较为新颖的尝试。一切新事物都有它的稚嫩之处，况且作者和编者的水平都极其有限，无论是经典选编还是要义讲读，一定存在诸多不足，亟待各位专家和读者的批评指正。

《文明经典》教材编写组

2023 年夏 于博雅书院

　　"文明经典"是过去时代流传下来的"伟大著作（great books）"，它们承载着人类历史上不同群体的传统、经验和智慧，并仍然在影响和塑造着我们今天的文明特征与内涵。因此，我们阅读这样的经典著作，并非只是好奇地考证已成过去的"历史"，而是一起去探索那些无论过去还是将来，都会发人深省以至行之有效的要素和原理。

　　这将是一趟奇妙而意味深长的旅程，经典阅读和思考总会充满冒险和艰难，但它会帮助我们不断拓宽眼界，在世界文明的宽广视野中确立起复兴中华文明的自觉意识，也会大胆许诺：让每一个读者在与经典的相遇中，都能找到自我成长、自我实现的历史坐标和价值经纬。

价值维度与未来向度

　　现代人习惯于工具理性思维，无论做什么事情，总要问一问它有什么"用"。因为只有说清楚事物的用处、它的目的何在，似乎才能"说服"我们接受或实施某个行动。然而构成各种"用"的基础的，恰恰是我们关于什么为"好"的观念，即价值的取向。假如一切以功利为善好，则学钢琴是为了考级、散步是为了锻炼身体、上大学只是为了找个好工作，除此之外我们便见不到其他。工具理性主导下的唯功利主义，不仅将一切事物都手段化了、一切行为都算计化了，而且使周围世界变得极其无聊，甚至人类自己也容易被理解为只是手段而非目的。

　　为什么不可以只是单纯地喜欢音乐本身而弹钢琴，喜欢和朋友一起聊天而散步，为了接受更好的教育、提升精神境界而上大学？如果我们也困惑于这些问题，希望超越当下，获得不同的生命视野和世界观念，那么须得首先明白，价值的取向、价值的尺度是有着古今演变和文化分别的，尤其在秩序剧变的大时代。

从古今演变而言，过去某些激动人心的观念在今天可能无人问津，而今天我们焦虑内卷的目标，在将来也或许不值一提。经典著作中有着"人类之文野，国家之理乱"[1]，它们正是大时代的标本和纪念碑。古往今来，不同文明的善恶观念、生活方式、政教形态，国家兴亡之理、社会治乱之因、人事更迭之机，都在这些伟大著作中被保存和探讨。阅读这些经典，我们会领悟意义的丰富性和道理的多重可能性；进入这些文本，体会圣贤处世的复杂情境，我们也可期待自己会变得宽广、从容，学会以历史的眼光审视时代的处境，思考我们自己求索学问与历练"技器"，终究所为何事、意义何在。

从文化分别而言，地球上多样化的文明群体，在不同地理环境与历史机缘中生长繁荣，每一种探索都如生命般珍贵，它们曾经长期有所交流、共同丰富着人类的生存可能性，尝试着与世界相处的不同方式。而今天，现代信息和交通手段带来的全球交往，正加速重塑人类的经验方式，人类也前所未有地需要共同应对全球性挑战。因此，文明交流、文明互鉴，这既是过去的历史常态，也是迫切正酣的未来大趋势。

在这样的背景下，中国一流大学的人才培养，同学们自己的成才与择业，理应放眼全球、面向未来，去拥抱丰富灿烂的全球文化。为此，我们在传承好中华优秀传统文化的同时，更要对世界文明的发展脉络、核心价值与成果有基本了解。在这方面，文明的经典文本是最基本的进入路径。

经典选编讲读的原则

作为人文通识核心课程，我们在课程教学中首先选择涉及中华文明和西方文明的人文社科经典作为阅读文本，并且在选编讲读时，还遵循以下三项原则：

---

[1] 引自1929年《重庆大学成立宣言》："人类之文野，国家之理乱，悉以人才为其主要之因。必人才日出，然后事业日新；必事业日新，然后生机永畅。"

一是"以史为纲"刻画文明特质。即希望以历史演化为纵向贯穿线索，编选能体现中西文明传统、文化精神特质的主要经典。其中，西学上迄古希腊罗马，下止于20世纪初，中学上迄先秦，下止于清末民初，最后都落在彼此新的时代剧变与社会转型的关键处。所选文本尽量体现从古及今的阶段性，同时也力图涵盖文学、历史、哲学、政治四个横向维度，体现一定的丰富性。如此，虽一定不能周全完备，但大致能勾勒出文明的精神轮廓。

二是"文明以止"呈现核心价值。经典虽然产生自特定的历史，但它又超越了历史，汇入到文明的深处，成为文明核心价值的体现。所选文本尤其重视反映在时代剧变、治乱更替之际，中西文明各自吸纳整合、自我更新的经验与成就。显然，这是以现代中国的问题意识为视野，尝试重新理解古今、理解世界。在这一视野下，中华文明的人本、仁政、和谐观念，封建与大一统的历史经验，西方文明关于自然法、理性国家、权利与自由的思辨与建制，都是有资于理解和构筑现代中国的核心价值观、政治秩序和生活方式的核心要素。

三是"把握大势"理解复兴逻辑。文明本身正如生命一样有其不断应对挑战、生长演化的过程，中西概莫能外。但在这一观念指导下，我们会在文本讲读中尤其指明，中华文明内在精神的"包容"吸纳与多元一体特征，"周虽旧邦，其命维新"的自我更新意识，使其在历史上总能够不断应对挑战、新之又新。因此，近代以来虽遭遇"三千年未有之大变局"，身处"古今中西"的历史处境，但对于中华文明来说，不过是又一次复兴与更新的历史大机缘。

归根结底，选编和讲读文明经典，是由我们作为现代中国人的时代意识和问题意识指引的。我们可以从变革与延续、危机与应对的历史辩证法中，看到文明生命体的自我更新发展，从世界历史的宏大视野和中西比较的对照线索中，揭示出中华文明的悠久生命力与未来潜力。而更重要的是，当我们每个人带着朴素的原初生命经验与这些伟大的经典相遭遇时，也就让过去与现在、历史与现实、整体与个人处境，发生了沟通或"短路"，去激发、寻求那些今天行之有效、给予我们启示和力量的生命原则，去不断校准我们自己在历史中的位置。

文明经典 A 的内在线索

经典承载着文明的价值，但它又活在历史中，它反复地被阅读、被阐释，它们是活的文本、不断激发意义的文本。因此，文明经典课程，并不是人文社科专业课程的低配版，毋宁说，其选编和讲读包含着今天的我们看待经典的问题意识和期待视角，它有着自己的主旨和线索。兹就文明经典 A 中最初编列的文本内在线索粗略叙述如下：

中华文明历史悠久，可根据考古材料上溯至史前时期，然而文明基调之奠定，则在殷周之际，以周代的礼乐制度最为典型。作为我国最早的诗歌总集，《诗经》中的大量作品就是对这一建立在农耕基础上的礼乐文明的记录，反映着中华文明基本成型期的原初要素。

春秋战国，礼崩乐坏、天下大乱，"王官学"散落到民间，形成了文明的下移，百家争鸣、异彩纷呈。以孔子为代表的"士"人，思索重建文明秩序的可能性，兴办"私学"，提出"君子"人格理想和"仁政"的政治主张，奠定了中国传统政治的核心内涵，《论语》因此选入。

与儒家积极入世的态度不同，《庄子》主张超越世间纷争，转向内在精神的豁达维度，提出逍遥游、齐万物，其思想玄远，充满着哲学辩证的智慧。而在列国相争的背景下，《孙子兵法》则代表着为生存而对智术与谋略的探究，它是中国古代军事思想的精华，也为古今兵家、谋者所必读。

秦汉一统，天下纷争初定，司马迁承公羊春秋传统，实际上通过本纪、世家、列传、书与表等形式，构建了一个"多元一体"的中华文明史整体叙事范例。《史记》因此可以作为秦汉大一统时代的真实写照，它呈现了一个朝气蓬勃、由弱到强、由分裂到统一的大时代图景。

汉季衰乱，天下再度分崩离析，当此时中华文明又一次面临危机和探索重建的命运，《世说新语》所记述的内容，反映了在乱世中"士"人如何立教行事、风流尽显，背后是如何促进思想的自由发展、文化的交流碰撞，在黑暗中绽放出绚烂的光彩，积蓄着中华文明得以再次焕发的生命力。

隋唐建政，漫长的乱世重归一统，《唐律疏议》作为我国传世时代最早的一部完整法典，它是研究唐代政经和社会史的基本文献，反映了这一时期强盛王朝的文明光辉。作为"礼法"结合的典范，此书可以帮助我们了解源远流长的中华法律传统，了解中国古代的家族制、等级制等基本的制度文明和结构特征。

"安史之乱"、盛唐式微，杜甫生逢其间，心系苍生、胸怀国事，形成了伟大的现实主义诗作《杜甫诗集》，它记录了盛衰之际的悲歌，其诗多涉社会动荡、人民疾苦，也表达了崇高的儒家仁爱精神和强烈的忧患意识。他因此被后人称为"诗圣"，而他的诗则被称为"诗史"。

经历唐宋变革之后，由宋元入明，中华政教在吸纳调整中再现辉煌。这期间《坛经》代表了佛教中国化的成果，佛教思想文化从此成为中华文明传统的一个内在部分；而在与佛、老的纠缠融合中，以程朱理学和阳明心学为代表的"新儒家"相继成型，奠定了中华文明新的哲学基础，《传习录》即为展示王阳明思想基本面貌的著作。

盛极而衰、天理之常，《红楼梦》是中国封建社会的百科全书，其文学造诣更是登峰造极，其中可以窥见明清之际，中华文明的繁荣正酝酿着新的危机、封建制度的逐步崩坏与解体、个人本位思想的初步显现等等。

晚清以来，中华文明面临"三千年未有之大变局"，在"古今中西"历史处境中的中国向何处去，如何对待旧文化，如何发展新文化？我们以鲁迅早期的几篇文本作为最后篇章，提示着在中华文明向现代社会转型的关键处，中国共产党和现代中国的新文化即将如何应运而生。

上述对于内在线索的粗略叙述，或也可见本课程对经典的选编讲读有着这样四个特点：一是认为经典是历史的产物，要放在历史的语境中去理解，而历史治乱相仍，文明一直在不断自我更新和演化；二是沉淀流传下来的经典，恰恰体现着文明自我更新的成果和成就，我们由之可观及一时之文明气象；

三是突出了士人或者说读书人的时代担当，在治乱变革之中何去何从，总有人"为天地立心，为生民立命，为往圣继绝学，为万世开太平"；四是将剖析呈现每一经典的重要义理、基本内容，体会中华优秀传统文化并非只有诗词歌赋，还有很多经世致用的内容，可谓博大精深、源远流长。

当我们进入经典，经典即因我们而活起来。尽管本教材的第一版中只结集了六部经典的讲读内容，但既然文明的生命已通过我们开始生长，相信一旦我们在讲读的引导下，真切感受到了阅读之"好"、经典之妙，就会前赴后继、不可遏止。这将是读者与经典彼此成就和繁荣的一次精神之旅，你准备好了么，文明经典的旅程要开始了！

《诗经》

《庄子》

《史记》

《世说新语》

《诗　经》

　　中华文明源远流长。早在万年以前，中原一带就有人类活动的痕迹，五千年前的良渚人已能因地制宜建造水利设施，到了殷商时期，以甲骨文的出现为标志，中国历史从此有了文字记载……但若论起中华文明早期最为重要的王朝，还得是《诗经》所记录的"礼乐时代"——周。周朝的建立者是一支兴起于陕西岐山的农耕人群。他们通过战争终结了商纣王的暴政，又经由一系列的"制礼作乐"扭转了殷商以来的杀俘殉葬、献祭巫占等风气，最终建立起一个以农耕为基础、以血缘为纽带、重视婚姻家庭、讲究礼仪德政的周王朝。在周朝八百年的统治中，中华民族初步成型，中华文明的精神传统也得以奠基。《诗经》中的大部分诗篇，便是对这一段文明史的忠实记录，并经由孔子所开辟的儒家学说传承至今，深深地渗入中国文化的基因。

关键词：礼乐、和谐、婚姻、农耕、宴饮

第一章
文明的原初要素

在今天的河南淇县、卫河一带，有一处古书所记的"牧野之地"，是周王朝的建立者周武王当年战胜殷商军队的地方。根据后世史官的记录，牧野之战中的殷、周军队实力和人数都悬殊，周人之所以能以少胜多，取得关键性的胜利，所凭借的除了周武王出众的军事才能，更有他的父亲周文王施行德政所赢得的民心。周文王曾由商纣王授命，出任管理陕西地区的"西伯"。在职期间，他以身作则、广施教化，赢得了四方民众的信任和追随，而商纣王则暴政频出，最终导致人心离散、王朝覆灭。这一"德"一"暴"之间，折射出中国政治史和思想史上的一次里程碑式的跨越——殷周之变。

延续了五百多年的殷商王朝曾盛极一时，拥有强大的军事力量和高超的生产力水平，商王不仅统治着中原地区的广袤土地，还拥有对周边的鬼方（今陕西周边）、羌方（今甘肃、青海一带）、巴方（今川渝地区）等从属国的领导权。然而，商人笃信鬼神，每当有祖先祭祀、贵族丧礼、宗庙奠基等重要事件时，都会大规模地杀戮来自周边方国的俘虏。在今天的河南安阳殷墟遗址上，考古学者发现了数以千计的羌人遗骸，且多是残骨，可见商朝当年的屠戮之风。根据司马迁的描述，最后一任商王纣刚愎自用，不仅将进谏的大臣做成肉酱，还大兴炮烙之刑，导致原本积重的民怨更加沸腾；而周文王则主动献出一片自己管辖区内的土地，换取了商王同意废除炮烙酷刑，同时也为周家获取天下赢得了民心。最终，在周及四方诸侯联合军队的进攻之下，殷商王朝灭亡，周武王在镐京（今西安）建都，一个崭新的周王朝就此诞生。

在建国之初，周人就旗帜鲜明地表达了对战争和杀戮的反对：《诗经·周颂·武》一诗中明言"胜殷遏刘"，即战胜殷商、停止杀戮之意；在陕西周原遗址的一些周初墓葬中，还发现了刀刃被人为弯折的随葬兵器，反映出周人追求和平的意愿。为了尽快结束不同部族之间的对立，团结农耕生产的力量，周武王及其弟弟周公旦开启了一场中国历史上影响深远的政治改革。他们继承了殷商人的分封、礼仪、文字等传统，摒弃了旧时以战争和祭神为主的统治方式，将国土分封给王族和功臣，建立起大大小小的诸侯国。各国一方面完全自治，可依据本国特色制定政策，一方面依靠并拥护周天子居中维和，并通过联姻、宴饮、外交、进贡等方式加强彼此以及与周天子的联系。通过广泛的通婚以及嫡长子继承和媵嫁制度的保障，周朝一步步建立起了庞大的血缘关系网络，普天之下皆宗亲的"家天下"局面最终形成。

在以血缘和农业为基础的周代社会，人与人、人与自然之间的上下秩序和彼此和谐，成为维系国家稳定和发展的核心理念。在庄严的典礼和悠扬的乐声中，一个"以礼主别，以乐合同"[1] 的"礼乐文明"诞生了。《诗经》所记载的，便是礼乐时代的歌唱，它分为风、雅、颂三类，其中国风采自各诸侯国，雅来自宫廷乐师和公卿贵族，颂则是追溯祖先事迹的祭歌。

---

[1]《荀子·乐论》："乐合同，礼别异。礼乐之统，管乎人心矣。"（张觉撰：《荀子译注》，上海：上海古籍出版社，2012 年，第 296 页。）

第一节 《诗经》是怎样一部书?

·礼乐文明的结晶

关于《诗经》,当代最常见的介绍是"我国最古老的诗歌总集",意即《诗经》是我国现存成书时间最早、保存当时诗歌数量最多、作者群体最为广泛的一部诗集。

"最古老的诗歌总集"一说约始自近代,胡适、鲁迅等学者都有类似的提法。在古人的经、史、子、集之"四库"分类法中,《诗经》属于经部而非集部,因此这一从"经"到"集"的转变,是近代中国新文学观念的体现。归根结底,"诗歌总集"虽足以概括《诗经》的体裁特征,但却是后人"以今述古"的产物,并不能很好地说明《诗经》作为一部文明经典的深刻内涵。

《诗经》中的诸多诗篇并不是单纯的文学创作,而是先秦时人在典礼仪式上的歌唱,尤其涉及典礼的流程、主旨、意义、功能等多方面内容。婚、丧、射、酒、燕等仪礼系统,是礼乐文明用以维系社会运转和施行国民教化的重要方式。从这个角度来说,《诗经》是一个兼具政治、历史、社会、文学、艺术等多重意义的文本,是先秦时期最为精华的文献之一,是礼乐文明的重要结晶。

·"诗三百"

今本《诗经》收录305首诗歌(另有6首只存题目,没有歌词),所记录的事件多发生于西周至春秋的五百年间。先秦时人不称《诗经》,而称"诗"或"诗三百",如孔子曾说"诗三百,一言以蔽之,曰思无邪"。到了汉代,由官方建立了阐释儒家经典的学问"经学","诗三百"的经典地位不断提高,最终成为具有神圣地位的国家"经"典。

西汉时以讲述《诗经》为业的经师众多，其中被奉为官学的有三家，史称"三家诗"，他们分别是鲁人申培的《鲁诗》、齐人辕固的《齐诗》和燕人韩婴的《韩诗》。东汉以后，毛亨、毛苌两位所传的《诗经》之学即《毛诗》逐渐取代了三家诗的地位，更在大儒郑玄为其作笺注后成为诗学主流，之后讲诗、注诗的学者均以《毛诗》为底本。

《毛诗》解诗的显著特点是在每一首诗歌前写有序言，用以解释每首诗歌的大意，而第一首诗《关雎》下的序言除了解释《关雎》的主旨，还阐述了整部《诗经》的体例结构、政教作用和诸多重要的诗学概念，这篇序言一般被称为"大序"，是古人理解《诗经》最为重要的一篇文献。唐代孔颖达的《毛诗注疏》、南宋朱熹的《诗集传》等影响深远的诗学著作，都是建立在对《毛诗》的继承和损益之上的。

· "诗六义"

《毛诗》的"大序"提及了风、雅、颂、赋、比、兴为"诗六义"。后人又称之为"三体三用"，即风、雅、颂为三体，赋、比、兴为三用；三体是三种体裁，三用是三种表现手法。

"风"包含十五国风，共 160 首。"雅"分大小，小雅 74 首、大雅 31 首。"颂"有周颂 31 首、鲁颂 4 首、商颂 5 首。周人所管辖的地区与《诗经·国风》涉及的地域有大部分重合，约在今天的陕西、山西、河南、河北、山东和湖北北部等地。

关于风、雅、颂的含义与分类原则，自古以来众说纷纭，目前学界主要认为是和乐调有关。以乐调来划分的说法古已有之，宋代学者郑樵在《六经奥论》中曾总结道："风土之音曰风，朝廷之音曰雅，宗庙之音曰颂。"[1]确切而言，"风"以王畿之地和各诸侯国的地方乐调演奏。"雅"即"正"，是周天子宫廷中演奏的"正乐"；不过大雅、小雅的划分标准尚无定论，《毛诗》大序认为这取决于诗篇所反映的政事大小，也有人认为应该取决于内容、音乐或写作的顺序等。"颂"是周天子或诸侯国在祭祀典礼上的歌曲。

---

[1]（宋）郑樵撰，王树民点校：《通志二十略》，北京：中华书局，1995 年，第 1980 页。

关于赋、比、兴的含义，古今学者的说法就更多了，如汉代郑玄说："赋之言铺，直铺陈今之政教善恶。比，见今之失不敢斥言，取比类以言之。兴，见今之美，嫌于媚谀，取善事以喻劝之。"[1]郑玄的意思是：赋是平铺直叙，用来直接叙述政治教化的善恶。比是类比，对于君王的过失、弊政不敢直言的，用类比的方式讽谏。兴是指见到美好善政，直接歌颂有阿谀之嫌，便用其他的善事来比拟和鼓励，以表达赞美。这是汉人基于政教和美刺而立说的，并不能很好地反映诗歌的艺术表现，而且把"比"固定为刺谏、"兴"固定为美喻，有失偏颇。

晋代有一位文学家叫挚虞，他在《文章流别论》说："赋者，敷陈之称也。比者，喻类之言也。兴者，有感之辞也。"[2]这里的解释，赋依然是平铺直叙的意思，比是比喻，兴是有感而发的言辞。挚虞的说法逐渐摆脱了政教美刺的束缚，是一种进步，但较为简洁而欠详明。后来宋代朱熹又总结前人，提出了自己的表述："赋者，敷陈其事而直言之者也。比者，以彼物比此物也。兴者，先言他物以引起所咏之词也。"[3]

朱熹是一代儒学宗师，又是经学大家，他的说法影响非常大，被推崇为权威的论断。当然，朱熹的解释不太注意观照情感寄托，宋代的李仲蒙就提出，兴的特点是"物动情者""触物以起情谓之兴"，这种"触物起情"的说法很能体现诗歌的抒情特征。应该说，古人对赋（铺陈）和比（比喻）异说不大，兴的表述则稍有不同。将朱熹和李仲蒙的说法综合起来则比较能概括兴的含义，即在所咏之词前先言他物作为引子，而这个他物的选择则来自诗人情感的体验，并不受逻辑和物理的束缚。

· 采诗、献诗、删诗

《诗经》的成书经历了漫长的集体创作和整理删改的过程，305 首诗歌

---

[1]（汉）郑玄笺，（唐）孔颖达疏，朱杰人、李慧玲整理：《十三经注疏·毛诗注疏》，上海：上海古籍出版社，2013 年，第 13 页。

[2]（清）严可均校辑：《全上古三代秦汉三国六朝文》，北京：中华书局，1958 年，第 1905 页。

[3]（宋）朱熹集撰，赵长征点校：《诗集传》，北京：中华书局，2017 年，第 2 页。

中仅有《小雅·巷伯》《大雅·烝民》等几首诗篇有作者署名，大部分诗歌都没有记录下确切的作者，甚至也没有明确的创作时间。考诸史料，古人关于《诗经》诗歌的来源大概有采诗、献诗、删诗等说法。

采诗，史称"王官采诗"或"采诗观风"。《汉书·艺文志》记载："故古有采诗之官，王者所以观风俗、知得失、自考政也。"说的是周天子会定期派遣专门的采诗官员去往民间，采集民风民情，经过记录整理后上交宫廷乐师，再由乐师在宫廷中演唱，供天子聆听，以知民间疾苦——这便是国风诗歌的由来。虽然汉代人的解释不一定符合先秦时期的情况，但《诗经》中的确能看到一些采集的痕迹。比如《邶风·谷风》一诗本是一首河北民歌，却在歌中出现了陕西的泾水、渭水，应该是经过了宫廷乐师的再加工；还有《小雅·蓼莪》一诗，本是宫廷乐歌，歌词却通过小民的口吻哭喊"鲜民之生，不如死之久矣"。这些都显示出"王官采诗"和"采诗观风"的痕迹。

除采诗之外，公卿贵族还会献诗给朝廷。据《国语》记载："天子听政，使公卿至于列士献诗。"这些诗歌与采集而来的民歌不同，多是当时的精英阶层为批评时政而作，在专门的场合唱给天子听，达到以诗为谏的目的。

经历了数代的积累，到春秋时期，流传于世的诗歌已有数百首之多，形成了最初的"诗三百"规模。《左传》有"季札观乐"的故事，记载吴国的公子季札曾在鲁国聆听过完整的"风雅颂"演奏，可知至少在春秋时期，鲁国的礼乐还保存得比较完整。

《论语》中记录有孔子整理雅颂音乐的事迹："子曰：'吾自卫反鲁，然后乐正，《雅》《颂》各得其所。'"孔子十分重视诗歌教育，他将"诗"作为青年必学之书，曾说过"不学诗，无以言"，还亲自编订诗歌教材，故而后世有"孔子删诗"的说法。这一说法认为，孔子在编订教材时，并没有全部收录当时流行的诗歌，而是有所取舍；那些被孔子写入教材的诗歌组成了今本《诗经》的基本面貌，再经由汉代人的整理传承至今。

·《诗经》的美学特征

《诗经》是中国诗歌文学的开山鼻祖，它与古希腊、古印度等古老文明诗歌的显著区别在于其含蓄深远的抒情性。在《荷马史诗》高唱战争、众神和英雄时，《诗经》则把注意力放在了倾诉人间情感上——亲情、友情、爱情、恩情，思念、欢乐、痛苦、哀愁——诗人巧妙地将这些丰富的情感蕴藏于人对天地自然的敏感和多情之中，以比兴手法营造出后世诗人视之为中国诗歌艺术精髓的"情景交融"的境界。

《小雅·采薇》中的"昔我往矣，杨柳依依。今我来思，雨雪霏霏"，以暖春、家乡、杨柳和寒冬、战场、雨雪作对比，不着一字，却尽出思怨之意。《秦风·蒹葭》中的千古名句"蒹葭苍苍，白露为霜。所谓伊人，在水一方"，寥寥数笔，却写出了天地与人情的浑然一体，其事不明，而其情至真。古往今来，不知有多少人沉迷于这天地苍茫的遥远凝望之中。《诗经》之所以能传唱千年而不衰，甚至能超越语言与文明的国界，打动无数读者，"情景交融"当属头功。

"情景交融"体现了《诗经》语言艺术的精神之美，除此之外，《诗经》语言还具有形式之美。

从诗歌体式上看，《诗经》中的诗篇大多是整齐的四言成章，节奏感强。少数诗篇则使用二言到八言不等的杂言句式，参差不齐而又错落有致。中国古代诗歌由四言发展成熟至五言，再到七言，正是由《诗经》开始的。此外，《诗经》语言还具有重章叠唱的特点，相同或相似的诗句重复出现，形成一种结构重叠整齐、韵律回环往复的特点——这样的特点也是歌谣中常见的表现形式，显示出诗、歌之间的联系。再者，《诗经》中的重章叠唱也并非单一的重复加强，而是更多地有递进变化的美感。譬如《关雎》中"左右流之""左右采之""左右芼之"的动词变化，流、采、芼（即求、摘、择）的动作是具有递进关系的。文句高度类似的段落，以此而有了场景与内容的变化发展，却保留突出了往复回环的韵律之美，可见安排构思之妙。

从语言风格来看，《诗经》作为先秦时期的诗歌，已经开始有意地遵循一些押韵的规则。这些韵脚，有的我们能直接读出来，比如"关关雎鸠，在河之洲。窈窕淑女，君子好逑""桃之夭夭，灼灼其华。之子于归，宜其室家"中的鸠、洲、逑和华、家，分别具有相同的韵母，读起来都是朗朗上口；有的则出于汉字古今读音和押韵规则的差异（如果句尾是"之乎者也"一类的虚字，韵就常常落在倒数第二字），我们不能直接读出来，比如"参差荇菜，左右芼之。窈窕淑女，钟鼓乐之"中的芼、乐两字，今天读起来并不押韵，但若拟先秦古音，它们实则是同韵的。

《诗经》中的押韵规则繁多：有一韵到底的，也有一章数次换韵的（如《载芟》一章九韵）；有句句押韵的，也有隔句押韵的（最多有隔三句的）；还有一种奇特的押韵现象叫"交韵"，即单数句与单数句押一韵，偶句与偶句押一韵，如《鄘风·鹑之奔奔》唱"鹊之彊彊，鹑之奔奔。人之无良，我以为君"这些丰富多变的押韵形式，显然增加了诗歌的韵律变化，凸显了音乐声韵之美，也反映出当时作者对于诗韵技巧的娴熟掌握。

第二节 《诗经》与礼乐文明的建构

·《关雎》：婚姻联络的宗法社会

关于《关雎》的主旨，目前比较流行的是"爱情说"，这是近代胡适等学者所兴，目的是从经典中寻找能冲破沉重礼教的真情力量。在当时，"爱情说"引起了众多青年读者的共鸣，被推崇为《关雎》解读的新代表，一直影响至今。不过，《关雎》作为《诗经》的第一首诗，其诗句虽然有爱情的内容，其内涵却又不止于表达爱情，而是牵涉周人用以维系"家天下"之政局最重要的方式——婚姻。

首先我们需要明白，《关雎》的诗歌文本中有不少关于周人婚姻的表达：

关关雎鸠，在河之洲。窈窕淑女，君子好逑。
参差荇菜，左右流之。窈窕淑女，寤寐求之。

求之不得，寤寐思服。悠哉悠哉，辗转反侧。
参差荇菜，左右采之。窈窕淑女，琴瑟友之。
参差荇菜，左右芼之。窈窕淑女，钟鼓乐之。

关关：鸟鸣。
雎鸠：水鸟名。
逑：伴侣。
荇菜：水生植物，古今同名。

　　诗歌开篇以"关关雎鸠，在河之洲"兴起一片春回大地、生机盎然的景象。《周南》所处的河南陕州一带的水鸟多为候鸟，只有在初春时节才会有云集于河边鸣叫求偶的情景，故而此句起兴，首先营造的是一个充满生命力的氛围。但诗意并不停留于"男欢女爱"的自然层次，而是递进至"窈窕淑女，君子好逑"，强调"淑女"是"君子"的"好伴侣"，其间流露出德相匹配、婚姻美满、相携相伴的美好意蕴，由自然之情而入礼乐之境。

　　关于"参差荇菜"的解释，古今学说众多，统一的看法在于，荇菜是一种到今天也叫荇菜的水草，生长于静水环境中，诗歌中的淑女可能有采集荇菜的行为；而分歧则涉及淑女采荇菜的原因和用途。在汉代人的表述中，"淑女"在此特指天子后妃，她采荇菜是为了后宫祭礼中的供品；在近现代学者的解读里，"淑女"是一位劳动者，她采荇菜是出于果腹的需要。两者的解释都有其合理但又无法自圆其说之处，若要理解"荇菜"的确切用途，或许需要结合《诗经》中的其他诗篇以及水草在周文化中的特殊含义。请看以下两段文字：

于以采蘋？南涧之滨。于以采藻？于彼行潦。
于以盛之？维筐及筥。于以湘之？维锜及釜。
于以奠之？宗室牖下。谁其尸之？有齐季女。（《召南·采蘋》）

君子曰："信不由中，质无益也。明恕而行，要之以礼，虽无有质，谁能间之？苟有明信，涧溪沼沚之毛，蘋蘩蕴藻之菜，筐筥锜釜之器，潢污行潦之水，可荐于鬼神，可羞于王公，而况君子结二国之信，行之以礼，又焉用质？《风》有《采蘩》、《采苹》，《雅》有《行苇》、《泂酌》，昭忠信也。"（《左传·隐公三年·周郑交质》）

《采蘋》诗中，采集水草的是待嫁的贵族少女，她用采集来的水草举行出嫁前的仪式。而《左传》的记录里，"苹蘩蕴藻"一类的水草是代表盟誓约定之物，足可供奉鬼神。结合以上两条材料看，《关雎》中的淑女采集荇菜，可能是要用于和婚姻、盟约有关的仪式，这样的推测也符合汉代人的解释。此外，《关雎》的最后两段出现了"琴瑟钟鼓"四种乐器，胡适在《谈谈诗经》中认为这些都是男子取悦女子的乐器，但先秦时代的钟、鼓都是大型乐器，只有在正式的典礼场合才会使用，而且往往会配合琴、瑟、笙、磬等乐器，由专门的乐师和歌手共同奏唱。

综合以上植物和乐器的信息可以看出，《关雎》是在一个礼乐仪式的背景下展开的，诗中的"君子淑女"并不是单纯的男女个体，而是婚礼双方的代表，他们之间有爱慕之情，更有盟誓之意。诗人的高妙之处便在于将婚姻的意义融入对人之常情的体察中，写夫妇之礼，却以男女之情起，写男女之情，却又点到为止，以夫妇之礼作结，让读者明白"礼"基于人情又超越人情、引导人性之处。正如《上博简·孔子诗论》第10、12、14简所言："《关雎》以色喻于礼……以琴瑟之悦，拟好色之愿……以钟鼓之乐，（拟好色之）好，反纳于礼。"[1]

《关雎》的婚礼内涵，凸显了这首诗作为《诗经》开篇之作的意义。《周易》《礼记》等先秦文献都记载了婚姻对周代社会的重要性。《周易·序卦》说夫妇是一切人伦秩序的开始，仅次于天地万物，有夫妇才会有父子，有父子才会有君臣，有君臣才会有上下礼仪，因而婚姻就是宗法社会存在的基础。《礼记》直接称婚礼是"万世之始"，能够"附远厚别"，由此构筑的血缘亲情网正是宗法政治的支柱。《关雎》从男女之情出发讲述夫妇之礼，因此以《关雎》开启整部《诗经》，是再合适不过了。

---

[1] 濮茅左编著：《上海博物馆藏楚竹书 孔子诗论 子羔 鲁邦大旱》，上海：中西书局，2014年，第30、34、38页。

·《武》：停止杀戮的和平时代

王国维《殷周制度论》一文曾有言："中国政治与文化之变革，莫剧于殷、周之际。"[1]说的就是三千多年前发生在中国的一场影响深远的大变革——殷周之变，因为这次变革，中国的政治从武力征伐变为和平发展。《周颂·武》一诗，可以看作"殷周之变"的政治宣言：

于（wū）皇武王！无竞维烈。允文文王，克开厥（jué）后。嗣武受之，胜殷遏刘，耆（qí）定尔功。

武王：西周王朝第一代君主的谥号。
无竞：无比强劲。烈：功业。
允：实在。文王：周武王的父亲。克：能。开：开创。厥：其。
嗣：继承。武：足迹。
殷：西周之前的殷商王朝。遏：组织。刘：杀戮。

"胜殷遏刘"，包含了周人对殷商人统治特征的总结，也是这一首看似给文王武王歌功颂德的诗最为要紧的题眼。殷商文明虽然很发达，能制作精美的青铜器，军队战斗力也很强悍，但他们对周边人群的管理方式是杀戮和征伐，杀祭战俘更是家常便饭。殷墟考古队曾在殷墟王陵遗址数出了6384具羌人俘虏的遗骸，还发现了在青铜蒸锅（甗）中的羌人少女头骨；在甲骨文中还发现了多种诛杀羌人的说法如伐羌（斩首）、卯羌（腰斩）、俎羌（剁碎）等。种种迹象都表明，殷商的统治是一种强盛王朝对周边人群施加高压、以征服为主的方式，其处理战俘的方式今天看来尤其血腥。

大规模的杀俘、高压残暴的统治，尤其是商纣王的暴政，加速了殷商王朝的分崩，当周文王举起反商的大旗时，竟有800多个周边族群响应。相传到牧野之战时，甚至殷商军队的士兵都对商王倒戈相向，转而支持周武王的军队。显然，殷商人的政治模式已经行不通了，周人如果想要国家长治久安，

---

[1] 王国维：《观堂集林（外二种）》，石家庄：河北教育出版社，2003年，第231页。

必须改革，而首当其冲的就是相当棘手的战俘问题。战争结束后，摆在周武王面前的有三种选择：

> 纣死，武王皇皇若天下之未定，召太公而问曰："入殷奈何？"
>
> 太公曰："臣闻之也，爱人者兼其屋上之乌；不爱人者及其胥余。"武王曰："不可。"
>
> 召公趋而进曰："臣闻之也，有罪者杀，无罪者活。咸刘厥敌，毋使有余烈。何如？"武王曰："不可。"
>
> 周公趋而进曰："臣闻之也，各安其宅，各田其田，毋故毋私，惟仁之亲。何如？"武王旷乎若天下之已定。[1]

姜太公提议杀俘，召公提议按功过论处，周公则提议一视同仁，尽数放归。在三种选择面前，周武王选择了最后一种，并将和平止战作为根本策略，在建朝后一系列典礼上经由《武》《赉》《桓》《时迈》等诗歌，第一次向国人响亮地提出"停止杀戮"的口号。这在三千多年前，无疑是一个划时代的创举，是周人在观察思考了殷商的没落和自身的崛起之后，得出的充满政治智慧的结论——"修文德以来之"。

这一主张吸引了许多周边大小族群的归附，包括西边的秦人、殷商贵族后裔以及东部沿海一带的"东夷"等。周人和他们大量通婚、聚居，中华民族的雏形就在这样和平包容的气氛中逐渐成形了，和平发展的思想也逐渐深入人心。

《左传·宣公十二年》记载楚庄王在战胜晋国军队之后，面对大臣提出的当及时耀武扬威的建议，说出了"止戈为武"的著名论断，并且告诉大臣，战争最大的目的应该是停止暴力，而我为了一己欲让这些忠诚的士兵暴尸荒野，又有什么好得意的呢？楚国在春秋时期属于不受中原各国待见的"蛮邦"。为了融入中原外交圈，楚国君主都会阅读《诗经》，而以"一鸣惊人"青史留名的楚庄王所说的这段话，仔细品读，是有《武》中"胜殷遏刘"的影子的。

---

[1]（清）皮锡瑞撰，吴仰湘编：《尚书大传》，北京：中华书局，2015年版，第160页。

·《七月》：农业生活的劳苦与温情

《诗经》当中，有一首描写农事生活的长诗《豳风·七月》，可以说是我国最早的农耕诗篇，它完整呈现了周人一年的农业生活，同时还在字里行间折射出带有农耕特色的古老价值观念，如敬畏自然、尊老爱幼等。我们通过两段节选的段落来阅读《七月》：

> 七月流火，九月授衣，一之日觱发（bì bō），二之日栗烈。无衣无褐，何以卒岁？三之日于耜（sì），四之日举趾。同我妇子，馌（yè）彼南亩，田畯至喜（chì）。

火：大火星。
一之日：十一月。二之日：十二月。
觱发、栗烈：形容冬季北风寒冷。
褐：毛皮衣服。
耜、趾：农具。
南亩：朝南向阳的土地。田畯：田官。至喜：即致饎，分发食物。

> 四月秀葽（yāo），五月鸣蜩（tiáo）。八月其获，十月陨蘀（tuò）。一之日于貉，取彼狐狸，为公子裘。二之日其同，载缵（zuǎn）武功，言私其豵（zōng），献豣（jiān）于公。

葽：苦菜。蜩：蝉。
蘀：树叶。
缵：继续。武功：指与作战类似的田猎之事。
豵：小野猪。豣：大野猪。

"七月流火"是周人通过观察星象对时令变化作出的判断。农业社会靠天吃饭，准确判断时令，踩准时机播种、插秧等，是庄稼丰收的重要前提。因此，代表大自然变化规律的天文历法，对于农人来说就显得尤为重要。大火星是夏夜南方天空一颗十分耀眼的红星[1]，差不多与《诗经》同时代的《尚书》中就写过"日永，星火，以正仲夏"，说的就是当大火星出现在南方天空、白昼变长的时候，夏季就来临了。

但在陕西地区观测，整个夏季，大火星会逐渐由正南方天空向西南方天空移动，这就是"流火"。农人看到"流火"现象，就会意识到夏季即将过去、天气将转凉，于是开始做冬衣。到了寒冷的十一二月，天地间会刮起凛冽的寒风，吹得地上干枯的落叶毕毕剥剥地响。这么冷的天，没有厚实点的衣服可怎么捱得过去呀！

从盛夏到寒冬，从星象、做衣服到寒风，这是基于生产生活经验对自然的非常朴实的描述。下一段的八月收获、十一月和十二月打猎等，都是农耕人群的生活流水账，乍看之下似乎无甚新意，但如果对比相近时期世界其他地区的农业诗歌，我们就会发现许多我们今天习以为常，但却很有中国特色的内容。

例如，同样是星象和农业的描述，在古希腊人的《工作与时日》之中，就多多少少加了"神"的影子：标志夏天到来的七颗星星是天神的七个女儿，农耕劳作是为了完成农神德墨忒尔安排的任务……虽然我们不能绝对地说《诗经》的时代没有天神或者农神信仰，但至少在《七月》里，诗人并没有写出来，而只是单纯地描写人们在大地上的生活。农民生活得好不好，依靠的是对自然规律的把握和勤劳地团结协作。

再如，"九月授衣"之"授"有分配之意，带有集体生产的特征。至于一月、二月的春耕，就更是大型集体劳作现场，尤其是开耕的那一天，男女老少，还有管理农事的官员，都会聚集到田地中一起劳作，还要一起在田边热热闹闹地吃一次饭，开启一年的劳作。到今天，我国许多地方还有这样的习俗，新年过后开工的第一天，要一起吃一次饭，既是图一个好彩头，也是增强集体凝聚力的契机。

在早期的农业生活中，人们要面对各种各样的环境挑战，集体劳作、相互帮衬可以让更多的人存活下去。其实，许多《诗经》农事诗篇都强调了集

---

[1] 今天的天蝎座 α 星，是一颗红巨星（恒星），并非我们日常所说的火星（行星）。

体中的相互帮衬，而重视集体价值在中国传统道德和当代价值观念里都是很突出的特征。

阅读《七月》，我们可以看到这一观念的古老的起源。"言私其豵，献豜于公"一句，便是提醒青壮年们，打猎所得，私人能自留的只是小猎物，而大一些的猎物要交给公家做主来分配，以保证集体中的尊者、老者、幼者等得到口粮。类似的句子还有《大田》中呼吁大家收割时留下一点稻穗给孤儿寡母的表述——"彼有遗秉，此有滞穗，伊寡妇之利"。这些对弱者的体恤，是集体生活相互关怀的温情流露，也是先人给我们留下的珍贵精神遗产。

此外，从"四月秀葽，五月鸣蜩。八月其获，十月陨萚"的歌唱中，我们还能感受到古人在劳动中与自然的亲密关系。大自然不仅仅是人们获取物质资料的对象，更是人们生存的空间和审美的启迪者。在这个空间之内，四季流转，物候变幻，人们伴随着四月里小小的苦菜花、五月里聒噪的蝉、十月里金黄的落叶，劳作、生存、观察和体验，最终在古老的诗句中达成了人和天地万物之间美好奇妙的互动。

·《鹿鸣》：日常生活的礼仪教化

在《关雎》和《武》的学习中，我们已经知道周人反对以战争杀伐的形式去征服周边人群，他们想了许多替代的方式来处理族群内外的人际关系，包括建立诸侯国、广泛通婚等，而其中使用范围最广、形式最为多样、影响也最深远的一项，却是看上去似乎最不起眼的"宴饮"。一场宴饮礼能兼容座次、排位、献酬、赋诗、乐舞等多种功能和活动，其一可以加固上下秩序，如君臣、长幼、亲疏、远近等，其二可以联络各阶层之间以及阶层内部的感情，是非常有效的礼乐活动。

当然，礼乐背景下的一场宴饮礼也有许多讲究，参加者的每一个动作都被大家看得清清楚楚，仅仅通过观察一个人在看似日常的宴饮礼中的表现，大家便可以判断他是否是一个符合礼乐考量标准的君子，比如能否在宴饮礼中跟随音乐的节奏得体地完成每一个步骤、能否自如地赋诗、能否节制饮酒不至于醉倒等。

《诗经》中有一类专门记录宴饮礼仪的诗篇，可以称之为"宴饮诗"，《小雅·鹿鸣》便是其中非常著名的一首：

呦呦鹿鸣，食野之苹。我有嘉宾，鼓瑟吹笙。
吹笙鼓簧，承筐是将。人之好我，示我周行（háng）。

呦呦鹿鸣，食野之蒿。我有嘉宾，德音孔昭。
视民不恌（tiāo），君子是则是效。我有旨酒，嘉宾式燕以敖。

呦呦鹿鸣，食野之芩。我有嘉宾，鼓瑟鼓琴。
鼓瑟鼓琴，和乐且湛（dān）。我有旨酒，以燕乐嘉宾之心。

承筐是将：进献奉送以竹木筐盛放的礼物。周行：大道、正道。
德音：美好的声誉。孔：大。
恌：轻佻。效：效仿。式燕以敖：既宴饮又自在。

这三段诗歌，大概可以看作宴饮典礼中迎宾、赞宾、乐宾三个部分。第一段是主人"鼓瑟吹笙"地迎接宾客，宾客带来礼物，主宾之间相互寒暄。洛阳八里台出土过一幅汉代墓葬壁画《迎宾拜谒图》，画上的主人拱手而立，神色欢愉，正迎接鱼贯而入的四位客人，客人里有的恭谨站立，有的回头与人闲谈，非常生动地还原了古人赴宴的情形。第二段是主人夸奖宾客有德行、举止庄重，是大家的榜样。第三段是主客在音乐声中饮酒作乐。

乍看上去好像只是寡淡地记录了一下宴饮的过程，既没有盛大的排场，也没有华丽的言辞，但是周人最为看重的东西都已经点出来了。其一就是对宾客德行的赞扬。"德"是周人最为看重的品质，今天我们也讲品德，但是周人的"德"的标准似乎又很模糊，并没有一些条条框框放着让人去达标，只有一个榜样人物让大家学习，那就是《武》里提到的周武王的父亲——周文王。周人心目中最有德的人是周文王，他的德行突出表现在他治理下的民众相互谦让、尊老爱幼、社会安定。文王声名远播，以至于周边的诸侯国都来学习。所以在周人心目中，"有德"便是要无限地向文王靠齐，所谓"仪刑文王"（《大雅·文王》）。由此看来，一位"有德"且足以成为大家榜样的宾客，确实是一位优秀的君子。

在宴饮上展示君子风范，需要仪表端正，宴饮礼中"失德"的表现之一便是喝醉酒。周人有"三献三酬"之礼，在正式宴饮礼环节，主客间饮酒各自不过三杯。在正礼之后的"无算爵"即自由饮酒环节，也需要节制，如果放肆喝醉了，那就是失德。《小雅·宾之初筵》这首诗就记录了周代晚期的贵族们在典礼刚开始的时候还能做做样子，可越到后来就越不像话，饮酒无度、手舞足蹈、大喊大叫，全无一点君子风度，王朝晚期贵族们暮气沉沉、萎靡不振的精神状态由此可见一斑。

对照《鹿鸣》和《宾之初筵》，我们就会发现诗人看似平淡实则精彩之处：他就像典礼的摄影师一样，拍出主人与宾客们或恭肃或懒散的照片，摆在人们面前，无须多言，人们自然便知道哪一种是"有德"，哪一种是"失德"。据《仪礼》记载，在宴饮礼刚开始的时候，乐工都要歌唱《鹿鸣》等诗，一方面是因它的曲调典雅，另一方面也是用它的歌词来警醒，这正是《毛诗序》中所谓"闻之者足戒"之意。在优美的音乐声中，人们敬重地进行着宴饮礼仪，为这一看似平凡的活动赋予了丰富的内涵。饮酒事小，但从一次小小的饮酒中也能看出，谁能真正做到表里如一、言行一致、恪守礼节，谁是真正的君子。

这一"即凡而圣"的礼仪路数，也是中华文明的特色。礼仪不专对神灵、不服务宗教，而是体现在每时每刻的日常生活之中。《诗经》时代的君子，不用脱离世俗寻找彼岸世界，也不用终身侍奉某位神灵，他的礼仪考验正是在充满人间烟火的宴饮中完成的。

第三节 孔子对礼乐文明的继承

春秋时期,已施行数百年的分封制开始显露越来越严重的问题:诸侯林立、各自为政，周天子被架空，不再具有居中调停的权威，反而要仰仗实力强大的诸侯国来求生；而齐、晋等大国为了争夺霸主地位，连年征战，加上周边其他民族的侵袭，战争的阴影再次笼罩中原大地。

旧的等级制度崩塌，还突出体现在"礼乐征伐自天子出"被"礼乐征伐自诸侯出"所取代，而公卿、家臣公然僭越、使用高规格礼仪的事件也频繁发生。比如令孔子"是可忍孰不可忍"的"季氏八佾舞于庭"事件，甚至连今日国宝曾侯乙编钟，彼时也是由没有资格拥有它的曾侯所铸。

天下纷纷，何去何从，新的思想可能性正在动荡中暗流涌动。

中央王庭没落之后，原本服务于周天子的乐官、史官等四处流散，加入诸侯国的文化建设中，这是一个文化不断下移的过程，它与天下纷乱中迫切的思想需求相契合，兴起了一个异常活跃的"百家争鸣"时代。面对以《诗经》为代表的西周礼乐，有人质疑其形式与内涵的脱节，有人开始了新的思考，有人则回身收拾起这些重视秩序与和谐的旧精神——这个人就是先秦时代，也是中国历史上最伟大的先贤之一——孔子。

从诸多的仪式、歌曲、乐舞、文献之中，孔子提炼出礼、乐二字作为周人政教的代表。在"礼崩乐坏""四夷交侵"之际，他一手接过礼乐文明的接力棒，将原本融合在礼仪歌唱中的周人精神提纯、归纳，最终淘洗出礼乐文明的核心精神——仁，并坚持通过论说、教育、编著等方式将其发扬光大，即使是在穷困绝粮的境地也没有放弃。

孔子认为礼乐的重点并不在于操作仪式的规范，而在于透过规范去约束、调节人的德行。《诗经》的歌唱正有这样的教化意义。因此孔子曾教育弟子以《诗经》作为立言、立行的标准。如此培养出的真君子，并不需要对各种仪式流程有多么熟悉，也不需要贵族的身份，野人、小民、士人皆可以成君子，只要他们具备"仁者，爱人"的精神，他们就是礼乐文明精神真正的继承者。故而孔子说"先进于礼乐，野人也；后进于礼乐，君子也。如用之，则吾从先进"[1]。

正是孔子的创举和坚持，礼乐文明的精髓和脉络得以继承，朱熹言"天

---

[1]（清）阮元校刻：《十三经注疏·论语注疏》，北京：中华书局，2009年版，第5426页。

不生仲尼，万古如长夜"，可谓至评。

经由儒家的传承，《诗经》自汉之后，直接参与到中国古代经学思想的建构中，被各个时期的学者们拿来奉为思想圣典。汉代的《毛诗》以"讽谏美刺"说讲诗，将《诗经》作为至高的政治历史文本；唐代孔颖达编《毛诗正义》，通过注疏将毛传、郑笺组合成一个解释经典的整体；宋明之后，经学转入内在涵养的修行自省，朱熹的《诗集传》中便多有存天理、非人欲的解读；近代以来，胡适等人扣住情爱发掘《诗经》的思想力量，打破宋明理学的桎梏，《诗经》复又成为展现先秦时人精神风貌、鼓励自由抒发情感的文学作品。《诗经》作为中国传统文化的甘露，已经深深浸润中国文明的历史与特质。

结语

《诗经》写于三千多年前，在阅读这一经典时，我们在语词理解上或许存在一些距离，但诗篇中所宣扬的许多价值观念我们接受起来并不困难。这是因为《诗经》并不仅仅是一部文辞优美的文学经典，它在塑造了中国人的语言的同时，更早已化为中国人的精神底色。它诞生于中华民族主体性逐步形成的时期，用朗朗上口的诗句真实地记录了"中国"的样子，是一部中华文明的经典。

难能可贵的是，作为经典的《诗经》，它在记录的时候又是真实的、鲜活的甚至是凡俗的，它很少崇拜神灵，却常常关注真实的生活，既写贵族，也写普通百姓，甚至还有草木鸟兽虫鱼，是周人生活的"百科全书"。

我们今天学习《诗经》，就是要通过阅读经典，感受《诗经》对中国传统思想文化的影响，去打开中华文明殿堂之门，去认识一个平凡而又伟大、庄重而又生动的古典中国。

【必读建议】

《周颂·武》《周南·关雎》《豳风·七月》《小雅·鹿鸣》《小雅·采薇》

【选读建议】

《周南·桃夭》《郑风·野有蔓草》《秦风·蒹葭》《小雅·四牡》《小雅·宾之初筵》

【思考题】

1. 结合所学，谈谈《诗经》在中华文明的建构中起到了什么样的作用。

2. 孔子曾以"思无邪"来评价《诗经》，结合"以色喻于礼""乐而不淫，哀而不伤"等孔子对《关雎》的评价，谈谈你对"思无邪"及其教化原理的体会。

3. 古今中外关于《关雎》的主旨有诸多争议，请查找梳理与《关雎》主旨阐发有关的学术史资料，并谈谈你的发现。

4. 美国学者芬格莱特在《孔子：即凡而圣》一书中说："礼仪是人类经验历史积淀所形成的人性的表现，礼仪的践行可以使人性在社群的整体脉络中趋于完善。而人们纯熟地实践人类社会各种角色所要求的礼仪行为，最终便可以从容中道，使人生焕发出神奇的魅力。圣人境界就是人性在不离凡俗世界的礼仪实践中所透射出的神圣光辉。"结合《鹿鸣》《七月》，谈谈你对这段话的理解。

5. 结合《七月》诗歌文本，寻找诗中提及的动物、植物、器物图像，制作一份《七月》名物图录，并谈谈你由此看到的《七月》的世界是什么样的。

【拓展阅读】

1. 李山《讲给大家的诗经》第 1/2 册（东方出版社，2019 年 /2021 年）

推荐理由：此书是一本面向当代普通读者而作的《诗经》文化读本，简化了字词注释，加强了文化史的梳理，注重将《诗经》诗歌放入周代社会背景下展开探讨，是作者多年钻研西周文化史和《诗经》文化精神的深入浅出之作；其中加入了许多新近的研究成果，还有不少作者自己的研究结论，颇有新意。可与同一作者的《诗经析读》（中华书局，2018年）结合同读。

2. 朱熹《诗集传》（中华书局，2017年）

推荐理由：南宋朱熹撰写的《诗集传》是一部名著，代表了宋代《诗经》研究的顶峰。其书虽以文言文写成，但文字相当简明，对前代学说择要取之，更开后世说《诗》之先河。其显著特色是突出义理，将《诗经》的阐释发散与涵咏道德、修持心性结合，同时也修正了汉唐学说的一些谬误。

3. 程俊英《诗经注析》（中华书局，2017年）

推荐理由：此书是现代学者的著作，成书于二十世纪八十年代，用白话写作，比较适合现今《诗经》爱好者作为入门的书籍。全书不但注解详细，对于诗歌主旨意蕴都有分析，还大量援引古人的解说。每诗都注明韵脚，以方便读者感受诗歌语言的魅力。

4. 李硕《翦商》（广西师范大学出版社，2022年）

推荐理由：此书可与同一作者的《孔子大历史》（上海世纪文景出版社，2019年）结合来看，它以轻松有趣的故事口吻讲述自殷商至春秋的历史，虽近小说，但考证亦精，大量运用史料文献和考古证据，达到知识性和趣味性的平衡，可读性强。

《庄 子》

　　《诗经》描绘了西周到春秋时期社会生活"百科全书"式的历史画卷，有对"十五国风"所涵盖的广袤疆域的治理，有追求天地、国家、家庭、个人全面和谐境界的礼乐文明，标志着中华文明达到了前所未有的新高度。但进入春秋战国，周室衰乱，旧秩序逐步走向崩颓，而新秩序尚未确立。一方面，社会经历着剧烈动荡，战乱频仍，生灵涂炭；另一方面，思想史迎来了"百家争鸣"的黄金时代。百家之中，多数关注"治国"；而庄子独具只眼，更加关注"治身"，即个体的生命质量与精神自由。庄子的思想，主张超越世间纷争，转向内在精神的豁达维度，体现着哲学辩证的智慧和自由逍遥的境界。因此，与儒家等积极入世的态度不同，"老庄"传统构成了中华文明"内在超越"的一面。我们通过《庄子》来一窥这一传统的堂奥。

关键词：逍遥、齐物、自由与平等、整全与超越

第二章
文明的内在转向与超越

　　周代的宗法封建社会维持了数百年，到春秋战国时期难以为继。周天子权力衰弱，诸侯国不再奉行以天子为尊的礼乐制度，即所谓"礼崩乐坏"。随后更进入"力功争强，胜者为右，兵革不休，诈伪并起"的战国时代[1]。各诸侯国为了在兼并赛中顺利晋级，纷纷以"富国强兵"为旨归，推行涵盖军制、田制、赋税等关键领域的变法。

　　在社会秩序崩坏与重建的转型期，思想得到了空前的解放，于是出现了"百家争鸣"。诸子百家所关注的领域虽然广泛——涉及社会政治、道德伦理、宇宙自然等，但都回应了转型期的时代需求，围绕着核心问题展开：什么是合理的政治？天下应该往何处去？孔子、孟子将礼乐文明的阐释与重建作为毕生的使命；荀子、韩非子开展官僚政治的理论探索；老子、庄子则强调顺任自然，清净无为。

　　生活于战国时代的庄子，"其学无所不窥"[2]。他对前代哲人、当时诸家都倾注了相当的关注与了解：在构建其思想时，从已有学说中汲取养分；言谈议论中，"剽剥儒墨"[3]，与不少流派都有或隐或显的交锋。我们认为，只有将庄子置于秩序重建的背景下，透视其在与各派交锋中所昭示的独特思

---

[1]（汉）刘向集录，范祥雍笺证，《战国策笺证》，上海古籍出版社2006年版，第2页。

[2]（汉）司马迁《史记》，中华书局2009年版，第394页。

[3]（汉）司马迁《史记》，中华书局2009年版，第394页。

想道路，才能对庄子有较为贴切的理解。

章太炎先生曾指出："庄子发明自由平等之义，在《逍遥游》《齐物论》二篇。'逍遥游'者自由也，'齐物论'者平等也。"[1] 即在以简驭繁的"道"的整全视野下，依靠个人的自我修为实现个体生命的更新，从而获得"一个自由飞翔的开放心灵，呈现出一种博大无碍而与物冥合的精神境界"[2]，这就是庄子式内在超越。在天下纷扰、列国相争、百姓失措的时代，庄子的这一思想路线别具一格。

通过对神祇、彼岸世界的许诺，借助外于人之本体的力量来实现对自我的认知、摒弃纷争，我们一般可视作"外在超越"的思想路线，如祭祀、占卜、颂神等宗教活动。与之相反，不借助外在力量的"拯救"或"超渡"，而依靠人的自我修为实现个体生命的更新——譬如道家的道德论和逍遥思想，"以其精神的净化而达到超越自我与世俗的限制，以实现其绝对自由的精神境界"[3]，则可被理解为"内在超越"。

庄子认为"宇宙"无始无终、无边无际，其根源是"道"。世间万物的具体差别都是人站在主观立场上得出的相对结论；而对立的双方，也互为对方存在的条件。一旦升维，站到"自本自根"的"道"的角度去审视，则千差万别的事物都会"齐同"为一。为此，他一方面不断揭示事物差别的相对性、不确定性、主观性，另一方面主张通过"心斋""坐忘"等修养方式，以虚静、空灵之心去观照万物，实现"吾丧我""至人无己"，则可以进入"无待""见独"的状态。

庄子致力于为人类找到摆脱现实困境、摆脱最终生命困境的途径，通过"藏天下于天下"，安时处顺，达成"天地与我并生，而万物与我为一"的"天人合一"境界。

---

[1] 章太炎演讲，曹聚仁记录《国学概论》，上海古籍出版社 1997 年版，第 34 页。

[2] 陈鼓应《老庄新论（修订版）》，商务印书馆 2008 年版，第 201 页。

[3] 汤一介《论老庄哲学中的内在性与超越性》，载汤一介《儒道释与内在超越问题》，江西人民出版社 1991 年版，第 13 页。

第一节　庄子其人

　　庄子生前默默无闻，弟子寥寥无几且并不显赫；死后很长一段时间，也少人问津。大概如《庄子·天道》所言，是一个"虚静恬淡寂漠无为"的人。

·生平与名号

　　庄子生当战国中后期，大约与梁惠王、齐宣王、楚威王同时。根据马叙伦先生《庄子年表》，其生卒年为公元前369—公元前286年，而屈原生卒年为公元前353—公元前278年。根据钱穆先生《先秦诸子系年》，庄子生卒年为公元前365—公元前290年，孟子生卒年为公元前390—公元前305年。虽然各家意见略有分歧，但值得注意的是，在当时的思想界，庄子大致与孟子、屈原同时。

　　《史记·老子韩非列传》中有庄子的传记，仅两百字左右。奇怪的是，为什么庄子的传记与老子、申不害、韩非子等人的传记合在一起成为一篇？为什么孔孟的生平事迹，详尽到可以编成年表，而老庄的生平事迹，却只有寥寥几笔？简单来说，《史记》将庄子与老子、申不害、韩非子等人的传记编排在一起，是因为汉代对先秦文化遗产进行梳理，认为这些人的思想有所关联，所以合传。而孔孟事迹详尽，老庄事迹疏略，大概是因为儒道价值取向与主张不同的缘故。

　　庄子名周，或说"字子休"。唐代陆德明在《经典释文·序录》"姓庄名周"下注"太史公云'字子休'"（今所见《史记》无此说），这是较早提及庄子"字子休"的文献。此后，唐代成玄英《南华真经注疏·序》以及司马贞《史记·越王勾践世家》索隐均提及庄子"字子休"。可见，庄子"字子休"的说法在唐代出现或流行，距离庄子的时代已将近千年。

庄子号"南华真人"。这一正式封号，始于唐玄宗。但在玄宗之前，南朝梁代的梁旷著《南华论》以及唐初成玄英作《南华真经注疏·序》，已经称庄子为"南华"。部分学者认为，"南华"之称出自六朝之道教。然而长期以来，"南华"之义不明。北宋陈景元《南华真经章句音义》认为"南华"是"离明英华"之义。"离明"，疑指南方。古人以八卦定方位，其中"离"卦在南方。典出《易·离》："离为火，为日。"孔颖达疏："离为火，取南方之行也；为日，取其日是火精也。""英华"指花，引申为精英。为什么要强调庄子是南方的精英？庄子为宋国人，靠近南方的楚国，在思想文化、语法辞章等方面很可能受南风浸染。国学大师王国维较早注意到这一点：

> 南人想象力之伟大丰富，胜于北人远甚。彼等巧于比类，而善于滑稽，故言大则有若北溟之鱼，语小则有若蜗角之国，语久则大椿冥灵，语短则蟪蛄朝菌。至于襄城之野，七圣皆迷；汾水之阳，四子独往，此种想象，决不能于北方文学中发现之。故庄、列书中之某分，即谓之散文诗无不可也。（王国维《屈子文学之精神》）[1]

当然，也有学者认为"南华"之义不必求之过深。如南宋褚伯秀《南华真经义海纂微·序》指出："窃详南华之号，其来久矣，似是上天职任所司，犹东华、南极之类，不可以人间义理臆度，故诸解无闻焉。"又如清宣颖《南华经解》称庄周隐曹州之南华山，故称"南华"。

庄子的籍贯在宋国蒙地。《庄子·列御寇》记载了"曹商返宋见庄子""见宋王者以其十乘骄稚庄子"等事件，可推知庄子居宋国。《史记·老子韩非列传》记载庄子为"蒙人"，《史记索隐》引刘向《别录》云："宋之蒙人也。"《淮南子·修务》高诱注："庄子名周，宋蒙县人。"《汉书·艺文志》之《庄子》条下有班固自注："名周，宋人。"张衡《髑髅赋》云："吾宋人也，姓庄名周。"综上，汉代学者一般认为庄子为宋之蒙人。由于战国时期的宋在汉代属梁，因此有的隋唐学者根据《汉书·地理志》的记载，认为庄子是"梁之蒙人"，

---

[1]王国维《屈子文学之精神》，载王国维《静庵文集》，辽宁教育出版社1997年版，第171—172页。

如《隋书·经籍志》、陆德明《经典释文·序录》等，同地异名而已。但"蒙"在今天的具体位置存在争议[1]。

庄子曾担任过"漆园吏"。从他的家庭经济生活状况来看，做这样的小吏大概是为了维持生计的不得已之举。《史记·老子韩非列传》记载"周尝为蒙漆园吏"，具体是何职司，学术界也有不同的说法。或说漆园为邑名，则漆园吏为邑吏；或说为专管种植漆树的小官。崔大华先生依据秦简中对漆园的记载，认为它不仅是种植漆树的园子，还包括制作漆器的作坊。因此，"庄子是一位熟悉当时的手工生产、曾任宋国管理漆园种植和漆器制作的吏啬夫。"[2]此说较为可信，因为《庄子》中多次提到漆的生产与使用，多次引述工匠故事，说明庄子熟悉底层工匠劳动情况。庄子的身份与所属的社会阶层，是我们把握庄子哲学的一个先决问题。

·庄子的生活：曳尾涂中

庄子的事迹除了正史中寥寥几笔，还有一个重要的资料来源，就是《庄子》一书。那么，《庄子》中记载的庄子事迹是否就是实录？可以说，其中固然有庄子真实生活的影子，但并不是完全真实的纪事。庄子以寓言的方式，将自己放进这些以"庄子"为主人公的故事中，情智兼备。

庄子拒绝楚威王的延聘，恐怕是他生平最著名的事迹之一。

庄子钓于濮水，楚王使大夫二人往先焉，曰："愿以境内累矣！"庄子持竿不顾，曰："吾闻楚有神龟，死已三千岁矣，王巾笥而藏之庙堂之上。此龟者，宁其死为留骨而贵乎，宁其生而曳尾于涂中乎？"二大夫曰："宁生而曳尾涂中。"庄子曰："往矣！吾将曳尾于涂中。"（《庄子·秋水》[3]）

---

[1]庄子故里"蒙"在今何处，众说纷纭：一说在今河南商丘具东北蒙泽（以及商丘北境毗连的山东曹县），一说在安徽蒙城，一说在山东菏泽东明县，等等。

[2]崔大华《庄学研究》，人民出版社1992年版，第13页。

[3]方勇译注《庄子》（《中华经典名著全本全注全译丛书》），中华书局2015年版，第278页。本章所引之《庄子》原文，均出自此版本，下文不再逐一标注出处。

后世不少学者质疑这一事件的真实性。然而，作为《庄子》中以"庄子"为主人公的一则寓言，不必苛求其历史真实性，而应注意它真切地体现了庄子的精神取向——拒斥政治，向往自由。因此，拒绝楚威王之聘是顺理成章之事。他还曾将"惠子相梁"比作"鸱得腐鼠"，其中态度，显然一以贯之。此外值得注意的是，《庄子》的语言极具生命力，产生了大量脍炙人口的成语。譬如"曳尾涂中"即典出于此，今天我们仍用来表示摒弃富贵、甘愿过隐逸自在的平民生活。

庄子对楚国相位不屑一顾，那么他的经济状况如何呢？

宋人有曹商者，为宋王使秦。其往也，得车数乘。王说之，益车百乘。反于宋，见庄子曰："夫处穷闾阨巷，困窘织屦，槁项黄馘者，商之所短也；一悟万乘之主而从车百乘者，商之所长也。"庄子曰："秦王有病召医，破痈溃痤者得车一乘，舐痔者得车五乘，所治愈下，得车愈多。子岂治其痔邪，何得车之多也？子行矣！"（《庄子·列御寇》）

此处借曹商之口，庄子的形象跃然纸上：居住在穷乡僻壤，穷困潦倒，靠着织草鞋养家糊口，面黄肌瘦。

庄周家贫，故往贷粟于监河侯。监河侯曰："诺。我将得邑金，将贷子三百金，可乎？"庄周忿然作色曰："周昨来，有中道而呼者。周顾视车辙中，有鲋鱼焉。周问之曰：'鲋鱼来！子何为者邪？'对曰：'我，东海之波臣也。君岂有斗升之水而活我哉？'周曰：'诺。我且南游吴越之王，激西江之水而迎子，可乎？'鲋鱼忿然作色曰：'吾失我常与，我无所处。吾得斗升之水然活耳，君乃言此，曾不如早索我于枯鱼之肆！'"（《庄子·外物》）

可见庄子的经济状况就一个字——"贫"。注意，在古汉语中，"贫"并不等于"穷"。"贫"字从"贝"，表示钱财少；"穷"字从"穴"，表示人在穴中，走投无路，处境窘迫。庄子确实家贫，但他精神上绝不窘迫。面对曹商的欺辱，他不假辞色，立即予以尖刻反击。面对监河侯的托词，他没有直接反驳，而是以"藉外论之"的方式，讲了一个生动的寓言故事来表达自己的意见，将缺衣少食的生活过得妙趣横生。

· 唯一的辩友：惠施

庄子交游不广。《朱子语类》指出"他只在僻处自说"。门徒数量不多，朋友也极少，惠施是他唯一的"辩友"。庄子的很多重要思想观点都通过与惠子的辩论呈现出来，其中著名的有"濠梁之辩""无用之用"等。

庄子与惠子游于濠梁之上。庄子曰："儵鱼出游从容，是鱼之乐也。"惠子曰："子非鱼，安知鱼之乐？"庄子曰："子非我，安知我不知鱼之乐？"惠子曰："我非子，固不知子矣；子固非鱼也，子之不知鱼之乐，全矣。"庄子曰："请循其本。子曰'汝安知鱼乐'云者，既已知吾知之而问我，我知之濠上也。"（《庄子·秋水》）

庄子见儵鱼在水中从容自得，认为这就是"鱼之乐"。惠子指出庄子不是鱼，人与鱼，乃至万物，既为异类，如何能够相知？而庄子"子非我，安知我不知鱼之乐"的回答，实际上是沿着惠子的逻辑走。非但异类不能相知，即使是同类当中的不同个体，也不能相知。因此，你不是我，虽然同属人类，也不能知道我是否知道鱼之乐。惠子沿着这个逻辑步步紧逼，既然我不是你，不能知道你。那么，你不是鱼，理应也不知道鱼。至此，惠子在逻辑上已经吹响了胜利的号角。

但庄子高明之处正在于，看似理屈之时，峰回路转，不去纠缠于理性辨析，转而追求情趣韵致，"我知之濠上也"。相对于惠子冷静理智地辨析，否认万物之间存在相知的可能，庄子更具有浪漫色彩：虽然也持"不可知"论，但主张"理解之同情"。如果人与万物不能相知，那么是否可能在一种和乐无间的状态里融洽相处？在相互"认知"之外，人、物之间还可以存在其他关系，譬如"同情"。人在濠上，鱼在水中，不相知，不干涉，万物各随其性，自得其乐，此即"万物与我为一"。

惠子谓庄子曰："魏王贻我大瓠之种，我树之，成，而实五石；以盛水浆，其坚不能自举也；剖之以为瓢，则瓠落无所容。非不呺然大也，吾为其无用而掊之。"庄子曰："夫子固拙于用大矣。宋人有善为不龟手之药者，世世以洴澼絖为事。客闻之，请买其方百金。聚族而谋曰：'我世世为洴澼絖，不过数金，今一朝而鬻技百金，请与之。'客得之，以说吴王。越有难，吴王使之将；冬，与越人水战，大败越人，裂地而封之。能不龟手一也，或以封，或不免于洴澼絖，则所用之异也。今子有五石之瓠，何不虑以为大樽而浮乎江湖，而忧其瓠落无所容？则夫子犹有蓬之心也夫！"（《庄子·逍遥游》）

物各有所能，各有所用。大有大的用处，小有小的用处。以自己的功利观点去强求物为我所用，这是一种茅塞不开的表现。顺物自然，随其所用，就是"无用之用"。假如以当时当地的社会功用作为唯一标准来衡量万物之价值，必然会有一部分事物被界定为"无用"，进而受到"为其无用而掊之"的伤害。庄子讨论"无用之用"，一方面是超越世俗功利，另一方面是对世俗价值体系中的弱者给予人文关怀，为万物开拓更为广阔的生存空间。

惠子相梁，庄子往见之。或谓惠子曰："庄子来，欲代子相。"于是惠子恐，搜于国中三日三夜。庄子往见之，曰："南方有鸟，其名为鹓鶵，子知之乎？夫鹓鶵发于南海而飞于北海，非梧桐不止，非练实不食，非醴泉不饮。于是鸱得腐鼠，鹓鶵过之，仰而视之曰：'吓！'今子欲以子之梁国而吓我邪？"（《庄子·秋水》）

庄子视相位如腐鼠，再次申明了"曳尾涂中"的态度。

庄子送葬，过惠子之墓，顾谓从者曰："郢人垩慢其鼻端，若蝇翼，使匠石斫之。匠石运斤成风，听而斫之，尽垩而鼻不伤，郢人立不失容。宋元君闻之，召匠石曰：'尝试为寡人为之。'匠石曰：'臣则尝能斫之。虽然，臣之质死久矣。'自夫子之死也，吾无以为质矣，吾无与言之矣。"（《庄子·徐无鬼》）

庄子惠子多次交锋，惠子死后，庄子"无以为质""无与言之"。寥寥数语写尽了深厚的情谊与深刻的悲哀。

闻一多先生指出："中国人的文化上永远留着庄子的烙印。……古来谈哲学以老、庄并称，谈文学以庄、屈并称。"[1]那么，《庄子》一书的真实面貌如何？

第二节　《庄子》其书

·版本与篇目

据《史记·老子韩非列传》《汉书·艺文志》可知，汉代通行的《庄子》有五十二篇，十余万言。而今本《庄子》，只有三十三篇，七万余字。今本是如何形成的呢？

魏晋时期玄风大炽，庄学兴盛，诸多注家"以意去取"，凭个人喜好及对庄子的理解删改《庄子》文本。晋代有数十种《庄子》注本：如陆德明《经典释文·序录》著录"司马彪注五十二篇"，可知汉代以来的五十二篇本在晋代仍然存在；同时还有"崔譔注二十七篇""向秀注二十六篇（一作二十七篇，一作二十八篇）""李颐集解三十篇（一作三十五篇）""郭象注三十三篇"等等。其中，多数注本"莫能究其旨要"[2]，只有郭象注"特会庄生之旨，故为世所贵"[3]，因此郭象的三十三篇本逐渐成为定本，流传至今。

今本《庄子》分为内、外、杂篇。这样的分篇格局是如何形成的？

陆德明《经典释文·序录》详细罗列了晋代各种《庄子》版本的分篇情况：

---

[1]闻一多《古典新义》之《庄子》，载《闻一多全集》第九册，湖北人民出版社1993年版，第7-8页。

[2]（南朝宋）刘义庆编，朱碧莲、沈海波译注《世说新语》，中华书局2011年版，第201页。

[3]（唐）陆德明《经典释文》，上海古籍出版社2013年版，第66-67页。

如司马彪注本有"内篇七、外篇二十八、杂篇十四、解说三"；崔譔注本有"内篇七、外篇二十"；郭象注本有"内篇七、外篇十五、杂篇十一"。综上，各本内篇的篇数相同，至于内容是否也相同则尚无定论。崔譔、向秀注本无杂篇，说明杂篇概念出现相对较晚。

那么，是什么时候分内、外篇的呢？先秦古书是以单篇的形式流传，而非整本书流传[1]。文章分内外，古已有之，如韩非子《内外储》，这可能直接启发了后世编书分内外的做法。《经典释文》之《庄子音义》引崔譔注曰："《齐物》七章，此连上章，而班固说在外篇。"说明至迟在班固的时代，《庄子》已分内、外篇了[2]。

至于外、杂篇，各本归属不一。今本庄子的外、杂篇经由郭象之手编定。

那么，这种内、外、杂篇的区分依据是什么呢？唐代成玄英的《庄子疏·序》指出："'内'则谈于理本，'外'则语其事迹。"认为内篇阐发"妙理"，外、杂篇以故事彰显"幽微之理"，"理"与"事"相辅相成。

· 庄子学派的著作总集

关于《庄子》一书，历来有所谓篇章真伪问题，就是考证哪些篇章出自庄子本人之手，即为真；哪些篇章并非庄子手著，是为伪。苏轼是宋代疑古风潮中的弄潮儿，较早指出《让王》《盗跖》《说剑》《渔父》四篇是羼入《庄子》的伪作。直至明清时期，学者不断考辨《庄子》篇章的真伪，成果丰硕。一般认为，《庄子》内篇出自庄子本人手笔，外、杂篇出自庄子弟子、后学补充阐释。

如果回溯先秦古书的形成情境，就会发现，以"《庄子》全书应该是庄子本人所写"作为出发点来考辨篇章真伪，是一个"以今非古"的错误观念。因为先秦子书，多非自著，而是门下后学记录纂集，《孟子》《墨子》《管子》

---

[1] 关于早期书籍的形成与流传，可参看余嘉锡先生《古书通例》之"古书单篇别行之例""古书之分内外篇""古书不皆手著"等条。

[2] 关于《庄子》分内、外篇具体出自谁手的问题，余嘉锡先生认为是西汉刘向，陈引驰先生认为是西汉淮南王刘安。参见余嘉锡《目录学发微》附《古书通例》，中国人民大学出版社2004年版，第265页。陈引驰《庄子讲义》，中华书局2021年版，第57页。

皆类此。即使成篇成书之后，在早期传承中也不断经历修订、重编，这一过程中可能会层累地附益后学的相关篇章。此为先秦著述传承之通例。

正是在这一意义上，冯友兰先生将《庄子》定性为"庄学丛书"，刘笑敢先生界定为"庄子学派的作品总集"，实为不刊之论。一言以蔽之，我们可以一般地认为，《庄子》是庄子学派的著作总集。

通过对《庄子》一书编注与流传过程的简要梳理，可以管中窥豹，推知早期经典的形成、流传与诠释殊非易事。无数先贤主动参与到这个漫长的积累过程中去，贡献自己的智慧，方有经典传承千年。

第三节 "逍遥"与自由

《庄子》开篇《逍遥游》首倡"逍遥"以"游"于世，这不仅是庄子所憧憬的生存境界，也成为古往今来读者所向往的生活。"逍遥"与"游"是"《庄子》书中最有特色的词汇"[1]，被庄子赋予新的魂灵[2]。"逍遥"，"义取闲放不拘，怡适自得"[3]，"徜徉自适之貌"[4]。"游者，出入自在而无所沾滞义。"[5]

---

[1] 刘笑敢《庄子哲学及其演变》，中国人民大学出版社2010年版，第37页。

[2] 先秦其他典籍中亦有用"逍遥"者，但内涵与《庄子》完全不同。如《诗经·郑风·清人》："清人在消，驷介麃麃。二矛重乔，河上乎逍遥。"从《左传》闵公二年与《毛诗序》相关记载可知，郑国将领高克好利而不顾其君，郑文公派遣高克率部驻扎黄河边邑，预防狄人渡河侵郑，危机解除而久不召回，致使部众四散而高克奔陈。在这样的背景下，虽然《清人》反复渲染高克部众的战马强壮且装备精良，但他们不可能有怡然自得的心境，此处的"逍遥"只能是在黄河边来回回游荡。

[3] （清）郭庆藩《庄子集释》，中华书局2004年版，第2页。

[4] （清）林云铭《庄子因》，华东师范大学出版社2011年版，第9页。

[5] 钟泰《庄子发微》，上海古籍出版社2002年版，第3页。

综上，"逍遥游"指的是一种顺其自然、安闲自得、出入自在、卷舒自如的生存境界。这是一种崇高的精神自由。本节围绕《逍遥游》进行文本分析以领略其奥义。

·鲲鹏变化图南

北冥有鱼，其名为鲲。鲲之大，不知其几千里也。化而为鸟，其名为鹏。鹏之背，不知其几千里也。怒而飞，其翼若垂天之云。是鸟也，海运则将徙于南冥。南冥者，天池也。

鲲鹏变化，海阔天空。著一"化"字，体现了庄子万物一体，无所拘囿，无所执着的格局，具有超越性。《庄子》开篇是一个包罗万有的大自然，其间有"不知其几千里"的庞然大物由北徙南，由具体空间到精神空间，庄子为我们打开了宏阔的宇宙视野，实现了空间上的突破。对比《论语》开篇"学而时习之"、《孟子》开篇"孟子见梁惠王"，可以发现：孔孟故事场景多发生在室内，在人世间；而庄子的视野是在天地之间展开的，故事常常发生在山林、水边，这里有树、有鱼、有鸟，鲲鹏变化，绝不仅仅是人的世界。这是庄子与孔孟的重要区别。

《齐谐》者，志怪者也。《谐》之言曰："鹏之徙于南冥也，水击三千里，抟扶摇而上者九万里，去以六月息者也。"野马也，尘埃也，生物之以息相吹也。天之苍苍，其正色邪，其远而无所至极邪？其视下也，亦若是则已矣。

这一段为什么不直接叙述，而要引用《齐谐》的话呢？这就涉及《庄子》独特的言说方式——"三言"中的"寓言"与"重言"[1]。《庄子·寓言》："寓言十九，藉外论之。亲父不为其子媒。亲父誉之，不若非其父者也。……重言十七，所以已言也，是为耆艾。"之所以不便直接说，是因为如果父亲称赞儿子有多好，人们通常难以信服，认为是出于偏心，不如其他人来称赞

---

[1]《庄子》"三言"指的是"寓言""重言""卮言"。"寓言"是通过寓言故事"藉外论之"，"重言"是借重"耆艾之言"，"卮言"是直言观点，阐发议论。

的效果好，故要"藉外论之"。

引述《齐谐》的文字与之前鲲鹏的寓言没有太大差异，为何还要引用呢？这就是"重言"——借重权威的话语。中国古代是农业社会，农事活动具有规律性，经验非常重要，而年长者（耆艾）通常会积累更多经验、更丰富的才德学识，能够更好地指导农业生产，往往成为权威。当然庄子并不迷信权威，只是为了使人信从而姑且迁就。"寓言"和"重言"都是解决"以天下为沉浊，不可与庄语"（《庄子·天下》）的权宜之策。这种言说方式，对中国语言和文化都产生深远影响。

且夫水之积也不厚，则其负大舟也无力；覆杯水于坳堂之上，则芥为之舟；置杯焉则胶，水浅而舟大也。风之积也不厚，则其负大翼也无力。故九万里则风斯在下矣，而后乃今培风；背负青天而莫之夭阏者，而后乃今将图南。

前后文皆讲鹏程万里，而庄子在这里宕开一笔，以"水之负舟"类比"风之负翼"，讲深蓄厚养与大展宏图的关系。对此，明代释德清《庄子内篇注》指出，鲲鹏变化图南，亦即"成广大光明之事业"，需要具备三个条件：一是"大道之渊深广大"；二是"变化"；三是"乘世道交兴之大运"。

·"知"的局限性

蜩与学鸠笑之曰："我决起而飞，抢榆枋，时则不至，而控于地而已矣，奚以之九万里而南为？"适莽苍者，三餐而反，腹犹果然；适百里者，宿舂粮；适千里者，三月聚粮。之二虫，又何知！

此处"笑"字值得玩味。《老子》曰："上士闻道，勤而行之；中士闻道，若存若亡；下士闻道，大笑之。不笑不足以为道。"蜩与学鸠便是下士——如果不被下士嘲笑，恐怕算不上真正的"道"。由此反衬鹏飞万里，默然无言，意境高远。

小知不及大知，小年不及大年。奚以知其然也？朝菌不知晦朔，蟪蛄不知春秋，此小年也。楚之南有冥灵者，以五百岁为春，五百岁为秋；上古有大椿者，以八千岁为春，八千岁为秋。而彭祖乃今以久特闻，众人匹之，不亦悲乎？

关于"知"往往有不同的理解，且无论哪一种解释，重要的是思考"知"与"智"的关系。"知"是对世间种种的了解，恰当的知识是智慧的基础。但"知"未必能培育形成"智"——因为有时过度的知识恰恰会对智慧形成障蔽。道家认为，知识在肯定某些事物的同时，其实也在否定另外一些事物，给予的同时也在剥夺，知识本身是对宇宙整全性的一种破斥。

以"名"为例，人类创造语言，给事物命名，一方面，使得具体的事物从世界整体中凸显出来，使我们能更清晰地理解把握世界，使天下万物为人所用；但另一方面，命名却又遮蔽了事物的某些更基础的性质，也消解了世界作为整体的性质。譬如雨、雪、冰等不同的名称，对应不同的事物。若执着于名，就忽视了三者更基础的本质——水；遮蔽了三者之间在一定条件下可以互相转换的关联。

因此，有必要去反思"知"的局限性。

《庄子·秋水》有言："井蛙不可以语于海者，拘于虚也；夏虫不可以语于冰者，笃于时也；曲士不可以语于道者，束于教也。"井蛙受到空间的限制，夏虫受到时间的限制，曲士受到知识与教养的限制以致不能明道。此处"朝菌不知晦朔"几句，类似"夏虫不可以语于冰"，讲的是突破时间的限制。而"宋人资章甫而适诸越，越人断发文身，无所用之。"（《庄子·逍遥游》）讲的就是受到了知识教养的限制：宋人把章甫（即礼帽，文化的象征）运到南越去卖，但南越人剪短了头发，裸体纹身，根本不需要宋人的礼帽。可见宋人受困于自身文化认知之弊，导致血本无归。

综上可见，《逍遥游》开篇揭示了庄子境界当中很重要的底色：对于空间、时间、文化的突破。最后一点尤为重要，这种关于多元文化的意识，展示了中华文明的开放包容。

·小大之辩

小知与大知的区别，在庄子里牵涉更常见的一个主题，即"小大之辩"：

汤之问棘也是已："穷发之北，有冥海者，天池也。有鱼焉，其广数千里，未有知其修者，其名为鲲。有鸟焉，其名为鹏，背若太山，翼若垂天之云，抟扶摇羊角而上者九万里，绝云气，负青天，然后图南，且适南冥也。斥鴳笑之曰：'彼且奚适也？我腾跃而上，不过数仞而下，翱翔蓬蒿之间，此亦飞之至也，而彼且奚适也？'"此小大之辩也。

鲲鹏体大，而斥鴳身小，天壤之别。《逍遥游》开篇至此，描绘了许多生物的生命状态：鲲鹏、斥鴳、蜩与学鸠、朝菌蟪蛄与冥灵大椿，这些千姿百态的生命，大小各异，在庄子的阐述中是否存在优劣之别？谁更接近"逍遥游"的生存境界？

有人认为鲲鹏的生存状态更能代表"逍遥游"。从文本来看，庄子本人似乎是偏爱鲲鹏。那引人心驰神往的巨物，令人目眩神迷的变化，远举高飞，提供了一个于古人而言难能可贵的"视下"视角。与之相对的是，蜩、学鸠、斥鴳的生存空间不过数仞，却自以为"飞之至"，嘲笑大鹏"奚以之九万里而南为"。

在庄子看来，"小"本身并不是缺陷，问题是言必称"我"如何如何——如"我决起而飞""我腾跃而上"，沾沾自喜，自以为是，排斥异己，以小笑大。蜩与学鸠的问题不在于小身量，而是"小知"，故而招致了庄子的批评。推而广之，人世间无数是非之争，往往是以自己为标准，师心自用的结果。若能够做到"无己"，无"成心"（主观偏见），则问题迎刃而解。

那么大鹏是否就能代表"逍遥游"的境界？既然庄子说"小知不及大知"，似乎大鹏可以。但是否只有大鹏能代表"逍遥游"的境界？对此，晋人郭象曰：

夫小大虽殊，而放于自得之场，则物任其性，事称其能，各当其分，逍遥一也，岂容胜负于其间哉！[1]

---

[1]（清）郭庆藩《庄子集释》，中华书局2004年版，第1页。

郭象首次提出：大鹏和小鸟只要顺其自然，按照各自的天性、本分、能力去生活，都是同样的逍遥，并无价值高低之分。他在此所理解的"小大之辩"并非"小知"与"大知"的区别，而是小物与大物相比，并不存在价值上的区别。他提倡无论大小，只要顺任天性，各当其分，自然逍遥。这个结论"大畅玄风"，适应了魏晋玄学思潮的需求，郭象的阐释盛极一时。

但后来支道林进一步提出新解：

支氏《逍遥论》曰："夫逍遥者，明至人之心也。庄生建言大道，而寄指鹏鷃。鹏以营生之路旷，故失适于体外；鷃以在近而笑远，有矜伐于心内。至人乘天正而高兴，游无穷于放浪。物物而不物于物，则遥然不我得；玄感不为，不疾而速，则逍然靡不适。此所以为逍遥也。若夫有欲当其所足，足于所足，快然有似天真，犹饥者一饱，渴者一盈，岂忘烝尝于糗粮，绝觞爵于醪醴哉？苟非至足，岂所以逍遥乎？"[1]

从支道林的理解来看，身量巨大的大鹏徙于南冥，必得趁海运之时，乘六月之大风，"水击三千里，抟扶摇而上者九万里"。如果"风之积也不厚，则其负大翼也无力"，"培风"是不得已而为之，"失适于体外"，并不逍遥。而斥鷃自矜于内，自以为是，闹出笑话，"有矜伐于心内"，同样不得逍遥。郭象所谓鹏鷃之各适其性，都只是"自足"。如同肚子饿想吃饭，口渴想喝水，而水足饭饱之时，饥渴感消除，水或饭不再成为牵系的对象，原本的饥渴者这时无所待，似乎成了自足者。然而，这种自足只是暂时的。因为肚子还会饿，口还会渴，自足状态很快就会再一次被匮乏状态所代替。只有忘食绝饮者才能实现对食饮的彻底超越，方有根本的"自足"，即"至足"。

如何能实现"至足"？支道林指出"物物而不物于物"，意谓顺应万物的本性去役使万物，而不被外物所主宰。既不失适于体外，又不矜伐于心内。只有"至足"，方得逍遥。由此推之，支道林所理解的"小大之辩"是"自足"与"至足"的差距。

---

[1]《世说新语·文学》"《庄子》《逍遥篇》旧是难处"条刘孝标注引支遁《逍遥论》。杨勇《世说新语校笺》，中华书局2006年版，第199页。

综上，我们总结"小大之辩"争论的分歧，不难发现：如果将"小大之辩"理解为小物与大物，则二者并无价值上的区别，只是"师心自用"不如"至人无己"来得逍遥；将"小大之辩"理解为小智与大智，则大智意味着超越时空局限，有更宏阔的视野，更近于逍遥；将"小大之辩"理解为"自足"与"至足"，则适性自足只是暂时逍遥，唯"至足"方得根本超越。

· 无待

当然，之所以有"小大之辩"，还是因为首先承认了"小大之别"。而这种差别仅在世间之"物"的层面才成立；在"道"的层面，大鹏与学鸠虽然一在天而一在地，也都未臻"道"的境界，在这个意义上，并无胜负于其间。

那么到底如何才能与"道"同游，实现逍遥呢？庄子为我们指出了达到这一境界的法门：

> 若夫乘天地之正，而御六气之辩，以游无穷者，彼且恶乎待哉！故曰：至人无己，神人无功，圣人无名。

"彼且恶乎待哉"也就是"无待"，构成全句乃至全篇的枢纽。"彼且恶乎待哉"承接列子御风而行一事：列子善于飞行，但飞行术依赖于风，因而列子是"有所待者"，不能逍遥。只有顺应天地万物的本性，驾驭自然六气的变化，在无限的时空中浮游，无所倚赖，做到不拘囿于自己，不执着于功业，不计较于声名，方得逍遥。

这一段表述有高蹈出尘之感。那么庄子强调"无待"，是否主张人应当遗世而独立，心神不与外物相接？但是作为动物的人，不可能脱离对自然条件的依赖；作为社会的人，不可能不受各种社会关系的制约。庄子的精神中当然有超越我与物、我与人的各种关系羁绊的一面，而且这一面在庄子思想中非常重要；但如若无限放大这一面，则"逍遥游"成为一种绝对的精神自由，似乎庄子靠着精神上的绝对自由来超越现实困境——这有悖于《庄子·齐物论》对万物的关注，有悖于《庄子·人间世》所描绘的庄子处世哲学，有悖于《庄子·大宗师》结尾长歌当哭的困窘现实处境。

然则，我们应该如何理解"无待"这一段表述？

"无待"的前提是"乘天地之正，而御六气之辩，以游无穷"。郭象注：

> 天地者，万物之总名也。天地以万物为体，而万物必以自然为正，自然者，不为而自然者也。……故乘天地之正者，即是顺万物之性也；御六气之辩者，即是游变化之途也；如斯以往，则何往而有穷哉！[1]

由此可见，"无待"并不是进入一种与世隔绝，"本来无一物"的生命境界，而是顺应万物自然之性、出入自在。从这个意义上讲，"无待"并不是"有待"的反义词，而是从根本上超越"待"这一强调物与物之间主从关系的精神层级。

因此，逍遥游作为一种理想的生存处境，关键是能否处理好个人与"万物"之间的关系。归根结底，庄子所追求的逍遥与自由，是因循自然的"境界"自由，无己、无待以超越有限性，而非脱离自然的绝对自由状态。

第四节 "齐物"与平等

如前所述，庄子主张"小知不及大知"。并且真正的"大知"，不会以小、大来衡量万物。因为小与大，并不是万物自然属性，而是在物与物对比的场域中产生相对的、暂时的判断。物本身"量无穷，时无止，分无常，终始无故"（《庄子·秋水》），万物都有其无法穷尽的格局，芥子纳须弥，大千入一苇。

---

[1]（清）郭庆藩《庄子集释》，中华书局 2004 年版，第 20 页。

于是庄子在《齐物论》中提出"天下莫大于秋豪之末，而太山为小"[1]。本节围绕《齐物论》进行文本分析。

·道通为一

天下莫大于秋豪之末，而太山为小；莫寿于殇子，而彭祖为夭。天地与我并生，而万物与我为一。

此数句直接揭橥《齐物论》之精髓。懂得"天下莫大于秋豪之末，而太山为小"，使我们超越了空间的大小；理解"莫寿于殇子，而彭祖为夭"，使我们超越了时间的长短。由此更上层楼，得出结论："天地与我并生"，使我们摆脱时间中变化生灭的压力；"万物与我为一"，使我们免除空间中物我之别、大小之分的困扰。

既然"万物与我为一"，那么万物在天地之间安顿自己的生命，是不是只要悦纳自己就可以了呢？并非如此，还要考虑到生存境遇往往由他人、外物共同构成，处理好我（此）与物（彼）的关系，在任何境遇中都能安时处顺，才能真正逍遥。如果自矜于"我"的成心、成见，就会生出是非。破除自我中心主义，认识到"我"（此）只能出现在与他者（彼）的相对之中：

物无非彼，物无非是。自彼则不见，自知则知之。故曰彼出于是，是亦因彼。

世间本无"彼""此"之分。是"我"与"他者"（他人、外物）在互

---

[1] 日本物理学家汤川秀树就曾深受《庄子》此论影响。汤川因发现了与原子核之"核力"形成有关的"介子"，扩大了基本粒子的种类，于 1949 年获得日本首个诺贝尔奖。1956 年前后，当时已经发现了三十多种不同的基本粒子，每一种粒子背后都是疑团重重。物理学家们不得不进一步思考，这些粒子背后的实质到底是什么。他们想找到比基本粒子更为基本的物质。有一天，当汤川沿着这样的思路考虑问题时，突然想起了《庄子》"浑沌之死"寓言，从中"隐隐约约地看到我们通过物理学研究而最后获得的那个微观世界"。他非常惊讶，两千三百多年前的庄子，"竟然有一些想法在一定意义上非常相似于今天像我这样的人的想法"。1961 年，汤川将这次思想经历及其感悟，写成一篇题为《庄子》的随笔，收入他的文集《创造力与直觉：一位物理学家对于东方的考察》（河北科学技术出版社 2000 年版）。

相的指认中，将对方指定为"彼"，将自己指定为"此"。如果站在对方的视角看，则"我"为"彼"，对方为"此"。正如《老子》所言"有无相生，难易相成，长短相形，高下相倾"，"彼"和"此"注定相对而言，相伴而生，也就是说，"彼"与"此"的存在，都由对方确证。在与"彼"相对中存在的"我"，具有暂时性。万物应接不暇，在新的生存境遇中，面对新的他者（彼），"我"也不得不持续更新，处于永恒的变动之中。因此，执着于某一特定境遇下的"我"，变得毫无意义，无须执着于此，无须执着于我，才能真正做到"万物与我为一"。

万物自然而然，千姿百态，却都"通天下一气"（《庄子·知北游》）。也正是因为这"一气"之流转，使得万物并无本质区别。

> 天地一指也，万物一马也。……道通为一。

"齐物"的根本，正是在于以"道"来冥合。《逍遥游》给我们提供了一个鹏之"视下"的视角，大鹏从九万里的高空往下看，茫茫苍苍，并不清晰。就好比我们坐飞机，在三万英尺的高空俯瞰窗外地面的建筑，它们的高度、大小都可以忽略不计。但在地面上的人看来，重庆地标朝天门码头的"朝天扬帆"高楼和洪崖洞的参差错落有着云泥之别。这样巨大的差别在同一个维度下怎么可能被忽视呢？要弥合它们的差异——也就是要"齐物"，方法只有一个：那就是升维，像坐飞机一样，提升自己的高度（维度），也就是越来越接近道的视角，这样同一维度下的差异才可能被超越。世间的所有对立——是与非，生与死，贵与贱，没有什么不能在道的面前被消灭。

为了进一步说明"道通为一"，庄子讲了一个"朝三暮四"的故事[1]：

> 狙公赋芧，曰："朝三而暮四。"众狙皆怒。曰："然则朝四而暮三。"众狙皆悦。

---

[1]这里是成语"朝三暮四"的出处。今人用以形容变化多端或反覆无常。庄子用来说明"道通为一"，不能认识到这一点的人，就如同见识短浅、"朝三暮四"的猴子，讽刺辛辣，内涵深刻。

养猴人给猴子们分橡子，说"早上给三升，晚上给四升"。众猴都生气。既然这样，那就改成"早上给四升，晚上给三升"。众猴都高兴。养猴人有整全的视野，居高临下掌控全局，"朝三暮四"与"朝四暮三"在他的层面并无不同。而猴子短视，只看眼前利益，就认为"朝四"比"朝三"更好。我们眼中万物之间的区别恐怕也是如此。这就是庄子所讽刺的"劳神明为一而不知其同"（《庄子·齐物论》），费尽心思去求其一端，而不知诸端本来就因道而相通为一。

应当追问的是，具有宏阔视野的养猴人应该如何与猴相处呢？庄子主张因循为用，顺任猴子的喜怒之情来达到自己的目的。闻一多先生解释为"顺其所喜，避其所怒，因任物情而利用之"[1]。正如《庄子·天下》篇所言，庄子虽然"独与天地精神往来"，但他"不敖倪于万物，不谴是非"，这才是"与世俗处"的正确态度。养猴人站在"道通为一"的维度，对于"物"的世界中种种区别立场给予理解，然后顺势而为。这种处世态度给予我们启迪。

·物无贵贱

庄子的"道"与老子不同，重点不在恍惚莫测的形上之"道"，而在强调具体落脚点的形下之"道"。也就是天地万物，千差万别，却都是"道"的点滴呈现，有着平等的价值，"以道观之，物无贵贱"（《庄子·秋水》）。

民湿寝则腰疾偏死，鳅然乎哉？木处则惴栗恂惧，猿猴然乎哉？三者孰知正处？民食刍豢，麋鹿食荐，蝍蛆甘带，鸱鸦耆鼠，四者孰知正味？猿猵狙以为雌，麋与鹿交，鳅与鱼游。毛嫱丽姬，人之所美也；鱼见之深入，鸟见之高飞，麋鹿见之决骤。四者孰知天下之正色哉？

物各有不同，对于宜居环境、食品口味、颜色好恶都自有其不同的标准，无法整齐划一。譬如毛嫱，在人类眼中是倾国倾城的美人；但鱼见了她却不

---

[1]闻一多《庄子章句》，载《闻一多全集》第九册，湖北人民出版社1993年版，第83页。

以为然，深潜入水；鸟见了她立即高飞远举；麋鹿见了她疾驰逃离[1]——因为审美标准不同。而这些不同的存在，并无高下之别。庄子主张万物一齐，由此说明万物虽然千姿百态，但都存在妥帖安顿自己生命的可能。正如陈鼓应先生所言，"齐物（the equality of things），即主张万物的平等。庄子从物性平等的立场，将人类从自我中心的局限性中提升出来，以开放的心灵观照万物，了解各物都有其独特的意义内容"[2]。

这种观念，于相对"小"的一方甚至更为重要。也许我们生来不是鲲鹏，只是凡鸟，受到诸多局限，有着万般不足，假设只有"大鹏"才具有价值，才能接近逍遥之境，那蜩与学鸠只能受限于天赋的格局而沉沦俗世，岂不悲哉？仰赖于庄生之"齐物"，我们无论天生根器如何，都有安顿好自己生命的可能，这就是庄子的伦理关怀。

· 物化

如前所述，为了证明万物齐同，庄子通过"天下莫大于秋豪之末，而太山为小"，来说明小大并不是万物自然属性，而是在物与物对比的场域中产生相对的、暂时的判断，万物都有其无法穷尽的格局。然后通过"道通为一"来论证"以道观之，物无贵贱"。这些都是理性的论证路径。在《齐物论》的最后，庄子以浪漫而感性的"梦蝶"来收束全篇，言有尽而意无穷。

昔者庄周梦为胡蝶，栩栩然胡蝶也。自喻适志与，不知周也。俄然觉，则蘧蘧然周也。不知周之梦为胡蝶与，胡蝶之梦为周与？周与胡蝶，则必有分矣。此之谓物化。

---

[1]这里是成语"沉鱼落雁"的出处。今人用以形容女子容貌美丽，惊为天人。庄子是用来说明人和鱼、鸟各有其审美标准，人类公认的美女，鱼鸟却是避之不及。在历史的长河中，字、词、成语意义发生变化是常见的文化现象。那么这个"沉鱼落雁"是什么时候变成形容美人的词？初唐著名诗人宋之问《浣纱篇赠陆上人》诗有句云："越女颜如花，越王闻浣纱。……一行霸句践，再笑倾夫差。艳色夺人目，馨嗽亦相夸。一朝还旧都，靓妆寻若耶。鸟惊入松网，鱼畏沉荷花。"诗以"鸟入鱼沉"形容美人。与宋之问同时的徐坚，在其所编类书《初学记》卷十九"人部下美妇人第二"中引述"《庄子》曰：西施、毛嫱，人之所美也。鱼见之深入，鸟见之高飞"。可见《初学记》认可"鱼入鸟飞"与美人的关系。由此可证，"沉鱼落雁"的前身在初唐时期就被用以形容美人。

[2]陈鼓应《老庄新论（修订版）》，商务印书馆2008年版，第210页。

　　庄周与蝴蝶本是两个毫不相干的个体[1]，但在梦境中，他们可以消融界限。庄子借梦中的情景，来说明万物之间这种莫名其妙的变化与联系，是发生在万物身上的恒常现象。如《逍遥游》之鲲鹏变化，《庄子·大宗师》之"化予之左臂以为鸡""化予之右臂以为弹""化予之尻以为轮"，人之将死化为"鼠肝虫臂"，等等。庄子本着安时处顺的态度，坦然接受这种变化。而在奥地利作家卡夫卡的笔下，《变形记》的主人公格里高尔从睡梦中醒来，发现自己变成一只大甲虫，他本人及家人均无法接受这种变化，他最终在惊恐沮丧、自暴自弃中死去。假设格里高尔出现在《庄子》语境中，既然变成了甲虫，就坦然接受，去做一只甲虫该做的事——而不是还想着做人，以甲虫的方式走完甲虫的一生，参与自然的大化流转。

　　庄子能够顺应变化的根本原因是他认为"道通为一"。万物形态各异，却都因一气之流转，处于无穷无尽的相互转化中，那么物与物之间就不应该有价值上的区别，此即"万物与我为一"。这一"物化"，最终完成了庄子对"齐物"的论证。

结语

　　庄子所谓"逍遥游"并非进入一种与世隔绝状态的绝对自由，而是顺应万物自然之性，以"物物而不物于物"的方式与万物相接相知相应的生命境界。

---

[1]"蝴蝶"意象首次出现在中国文学中，意义深远。阿根廷文学家博尔赫斯认为，庄子"几乎是怀着不可思议的兴奋选择了正确的动物作为隐喻。""蝴蝶有种优雅、稍纵即逝的特质。如果人生真的只是一场梦，那么用来暗示的最佳比喻就是蝴蝶"。[阿根廷] 博尔赫斯著，陈重仁译《诗艺》，上海译文出版社 2015 年版，第 39 页。美国学者爱莲心总结了蝴蝶的三个特点：一是"美的象征"，二是"变形的形象化比喻"，三是"从蛹到蝶的转化特别有趣"。认为由毛毛虫结蛹蜕皮变形为蝴蝶这一由丑至美的提升转化，是旧事物向新事物让进，通过告别过去的存在和现在的存在而实现内在的转变与超越，获得自由。参见 [美] 爱莲心著，周炽成译《向往心灵转化的庄子：内篇分析》，江苏人民出版社 2004 年版，第 79-85 页。

"齐物"的根本，在于以"道"来冥合。世间的所有对立，彼与此，是与非，生与死，贵与贱，没有什么不能在道的面前被消灭。万物一齐，说明万物虽然千姿百态，但都存在妥帖安顿自己生命的可能，肯定一切人与物的独特意义、内容及其价值。

破除自我中心主义，破除成心成见，不拘囿于"我"，从而实现"至人无己""吾丧我"，以平等、开放的心灵观照万物，则可以逍遥，可以齐物。

《庄子》指出"道"是生养天地万物的根源，由此人与天地万物是同根同源的，因此万物的地位也是平等的，此即《庄子·齐物论》所谓"天地与我并生，而万物与我为一"。肯定天地万物与人是统一体，且"天与人不相胜"（《庄子·大宗师》），此即"天人合一"。道家从对自然的思考出发，更重视人与自然的和谐统一；儒家以社会伦理规范为出发点，致力于道德修养实践。道家谦退，关注个体身心，希望提升生命境界；儒家进取，关注群体，旨在入世兼济天下。儒道两家相反相成，共同塑造了中国文化。

【必读建议】

《庄子·逍遥游》《庄子·齐物论》

【选读建议】

《庄子·秋水》《庄子·养生主》《庄子·人间世》《庄子·德充符》《庄子·大宗师》《庄子·应帝王》

【思考题】

1. 社会主义核心价值观的基本内容有"自由"与"平等"。请紧扣《逍遥游》《齐物论》的文本，谈一谈你读过《庄子》之后，对"自由"与"平等"的理解是否有所深入？具体体现在哪些方面？中国式"自由平等"与近代西方所谓"自由平等"相比，有何不同？

2. 《逍遥游》讲"至人无己"，《齐物论》以"吾丧我"开篇，请回忆你自身经历中关于"忘我"的真实体验，谈一谈学习《庄子》前后，你对于"忘我"境界的领悟有何不同？

3.《庄子·秋水》说："井蛙不可以语于海者，拘于虚也；夏虫不可以语于冰者，笃于时也；曲士不可以语于道者，束于教也。"请结合《逍遥游》的文本与自身经历，谈谈如何在空间、时间、文化维度上突破自我之局限，尤其需要反思过往的"教"是否对你造成束缚。

4.传统观念一般视儒家为积极入世之学，视道家为消极避世之学。学习《庄子》之后，你认为庄子是否"消极"？他所要"避"的到底是什么？

【扩展阅读】

《史记》评价庄子"其要本归于老子之言"，如果想进一步阅读《老子》，可参看北京大学李零教授的《人往低处走:〈老子〉天下第一》(生活·读书·新知三联书店，2014)。该书将《老子》睿智深刻、言简意赅的风格一以贯之，简明精要，用轻松诙谐的语气解读老子其人、其书。先串讲文义，后剖析问题，揭示孕育于日常生活中的"老辣的智慧"，可读性很强。

由于《庄子》文本具有开放性，历朝历代以各种阐释指向来解庄的著作汗牛充栋。有以道解庄者，有以儒解庄者，有以《易》解庄者，有以佛解庄者……诸家众说纷纭。如果对庄学史有兴趣，可参看华东师范大学方勇教授的《庄子学史（增补版）》（人民出版社，2017）。该书体大思精、资料宏富，系统梳理了两千多年来庄学发展的整体脉络，揭示了庄学各阶段的面貌与特征，既是一部学术史，又是一部思想史。尽管三百多万字的篇幅可能令人望而生畏，但却是该领域不可或缺的经典。方勇教授另有《庄子讲读》（华东师范大学出版社，2005）以及《中华经典名著全本全注全译丛书》之《庄子》（中华书局，2015），便于初学。

关于老庄及道家思想的进一步阅读与思考，可参看陈鼓应教授的系列著作。如《老庄新论（修订版）》（商务印书馆，2008）、《道家的人文精神》（中华书局，2012）、《老子今注今译》（中华书局，2020）、《庄子今注今译（最新修订重排本）》（中华书局，2009）、《中华传统文化百部经典》丛书之《庄子》（国家图书馆出版社，2018）等等。陈鼓应教授是享誉海内外的道家文化学者，

提出"《易传》道家说""道家主干说"等新观点，主张"中国哲学史实际上是一系列以道家思想为主干，道、儒、墨、法诸家互补发展的历史"（《老庄新论》），引起学界热烈反响。读过之后，你也可以参与到这一场主题为"中国哲学史的主干是儒还是道"的大讨论中来。

《史　记》

　　春秋、战国以降，天下秩序瓦解，列国纷争、礼崩乐坏，诸子百家著书立说，阐发重建秩序、治国理政之道，孔子、孟子、荀子、韩非子、老子、庄子、墨子系其中翘楚。随着秦帝国一统天下，时代丕变，始皇帝厉行"书同文、车同轨、行同伦"的政策，大一统之势初见端倪。然秦二世而亡，西汉建立以后，"汉承秦制"的同时，统治者亦注意吸取秦速亡之教训，经过数十年的休养生息，至武帝时臻于全盛，中国历史由分封制向中央集权大一统的历史转型基本完成，《史记》正是撰写于这样的历史背景之下。欲探究中华民族多元一体的历史发展脉络，了解早期中国朝气蓬勃的时代风貌，《史记》是一本不可或缺的传世典籍。

关键词：大一统、重史传统、多元一体、一家之言

第三章
文明的大一统

　　秦王政二十六年（公元前221年），齐王田建降秦，自春秋以降数百年来诸侯纷争的局面结束。作为中国历史上第一个中央集权帝国的皇帝，秦始皇致力于将大一统的精神灌注到社会经济、制度、文化的各个层面，力求建立一套稳固而具有开创性的统治秩序。然囿于施政手段的不当与制度设计的缺陷，秦二世而亡，未成功完成大一统。

　　西汉建立后，经济上采取与民休息的政策，经过几代人的休养生息，至武帝时经济空前繁荣。政治上，汉初采用郡国并行制，一度造成诸侯国强大难制，景帝时期平定了七国之乱，武帝元朔二年（公元前127年）又颁布"推恩令"，此后诸侯王问题基本解决，中央集权空前加强。文化方面，西汉前期宽松的氛围逐渐趋紧，武帝罢黜百家、独尊儒术，大一统帝国的文化思想局面基本形成。

　　纵观秦汉王朝，由分裂到统一、由衰败到繁荣、由弱到强是整个时代的主旋律。在这一历史大转型中，早期中国的整体气质是积极向上、蓬勃进取的。在此背景下，秦汉时人的视野尤为开阔，随着国势的日渐强盛，汉武帝数次开边，匈奴、朝鲜、南越、西南夷、西域纷纷进入汉代人的视野，中华文化中多元一体的观念在这一时期逐渐成熟。

　　《史记》即诞生于这样的时代，它的记事上起传说中的黄帝时代，并由此构筑了五帝夏商周秦与夷狄相统一的族源叙述架构。在其中，黄帝是共同始祖，黄帝以下则为颛顼、帝喾、尧、舜、禹、夏、商、周、秦；黄帝子孙

除了华夏诸族之外，还有秦、楚、吴、越、匈奴、南越、东越、西南夷等族。这是一个由"多元一体"历史观贯穿始终的宏大叙述体系。

《史记》下迄西汉武帝太初年间，且对西汉前期历史的记述尤为详尽，是我们把握秦汉时代极为重要的一部典籍。此外，它的内容不仅有帝王谱系、政治事件，还有货殖、游侠、医者、术士、礼乐、河渠等极丰富维度，展示了包容宽广、博大精深的历史眼光。

《史记》又名《太史公书》，为"二十四史"之首，被鲁迅誉为"史家之绝唱，无韵之《离骚》"。

第一节　史官家族的传承与责任

·"司马氏世典周史"

在《太史公自序》中，司马迁追溯了其家族世系。司马氏是一个拥有悠久历史传承的史官家族，所谓"司马氏世典周史"，是说司马氏家族在周代曾经是执掌典籍的史官。无论司马迁的父亲司马谈还是司马迁本人，均以家族历史上曾为史官为傲。

中华民族历来就有重史的传统，历史记录与叙述关乎政教之根本，故而史官在中国古代政治中有着特殊的重要地位。史官的设置可远溯唐虞夏商，到周代正式有"五史"之设置，即太史、小史、内史、外史和御史：

> 大史掌建邦之六典，以逆邦国之治……小史掌邦国之志，奠系世，辨昭穆，若有事，则诏王之忌讳……内史掌王之八枋之法，以诏王治……外史掌书外令，掌四方之志，掌三皇五帝之书，掌达书名于四方……御史掌邦国、都鄙及万民之治令，以赞冢宰。（《周礼·春官宗伯》）

可见，与今天我们理解的可能仅负责记注撰著的史官不同，周之史官实际上掌管全国乃至累世相传之政书，职权涉及一切政令，因而有其权威，也更有其显赫尊荣。[1]司马氏世代掌管周史，这显示出家族的荣耀，也表明这个家族有着治史修史的深厚传统。

周室衰落，司马氏族人遂分散于各国。在秦国有位名将叫司马错，曾与张仪在秦惠王面前争论伐蜀还是伐韩，后奉命率军攻取蜀地并做了郡守。司

---

[1] 相关论述参见柳诒徵著《国史要义》"史原""史权"等篇，中国人民大学出版社 2007 年。

马错之孙司马靳，与武安君白起在长平之战中坑杀赵军，回来后又与白起都被赐死于杜邮。司马靳之孙司马昌，在秦始皇时代，为主管冶铸铁器的官员。司马昌之孙司马喜，司马喜之孙即司马迁。

司马喜生活在汉代初年，他的官职并不很高，但受益于汉代初年稳定发展的社会环境，正是从司马喜开始司马氏家族的生活逐渐又充实富裕起来；所以司马喜的儿子司马谈能够跟随唐都学习天文学，跟随杨何学习《易》学，跟随黄子学习《道论》等等。

·壮游全国

司马迁是司马谈的儿子，他出生于龙门（今陕西韩城），十岁之前在故里的乡间生活，"迁生龙门，耕牧河山之阳"；"年十岁则诵古文"，除了受教于家学，他还学习了古文经学一派。司马迁十岁前后，其父司马谈被汉武帝召至长安担任太史令，司马迁遂随其父迁居长安。在西汉王朝正处于迅速迈向全盛时代的当口，他正好走进了天下的"中心"。

司马迁二十岁承父命壮游全国，游历了很庞大的区域。他从长安出发，南下襄樊又渡长江，去湖南汨罗江看了屈原投江自沉的地方，还溯湘江而上，登九嶷山，勘察了传说中大禹埋葬的地方。然后顺长江而下，他登了江西庐山，长途跋涉又去了浙江，在绍兴、苏州探访古迹之后，北上去了山东，在孔子的故乡游历。随后循着楚汉相争的历史遗迹，在彭城和沛郡采访高祖刘邦君臣故事，一路向西回到长安。

壮游是司马迁成长过程中不可或缺的一部分，这不仅让他获得了广博的知识，搜求了大量的遗闻古事，而且开阔了视野，放宽了心胸，增长了见闻和才干。这是《史记》成功不可或缺的条件。

司马迁诞生在景帝统治的后期，到他二十三岁入仕之年，已是武帝统治的时代了。这时的汉朝帝国，在"文景之治"的繁荣基础上，进入全面兴盛的阶段。司马迁起初虽只当了一名侍从皇帝的官，但这却使得他能够深入了解汉朝统治集团的内情；而且，他入仕时也正当武帝巡行频繁的时期，因此他有更多的机会扈从皇帝去游览四方。公元前113年至前107年期间，武帝曾经多次巡视郡县和祭祀"五帝"。司马迁父子自然都参与了这些活动。

·受父遗命接力修史

元封元年（公元前110年）夏初的四月，封禅大典将在泰山之巅举行。司马谈作为参与制定封禅礼仪的史官，却因病留滞周南（今河南洛阳），未能参与。这时司马迁正好从奉使西征的西南夷前线赶回来，欲参加这稀世罕有的大典，行到洛阳时，见到了生命垂危的父亲。

司马谈在弥留之际，拉着司马迁的手，留下遗命："余死，汝必为太史；为太史，无忘吾所欲论著矣。且夫孝始于事亲，中于事君，终于立身。扬名于后世，以显父母，此孝之大者。"（《太史公自序》）他告诫司马迁：我死后你一定会做太史，千万不要忘记我所要编写的论著；完成这个事业，以扬名后世、光耀父母，这才是最大的孝。

此外，司马谈还强调，周道衰落后礼崩乐坏，是孔子整理文献典籍，论《诗》《书》、作《春秋》，继承和振兴了礼乐，学者至今学之。但孔子逝后到现在四百多年了，其间诸侯混战，史书及记载散失；现在汉朝兴起，海内一统，明主贤君、忠臣义士的事迹，我作为太史却没能给予评论记载，这简直是荒废了天下历史之文脉。"余甚惧焉，汝其念哉"，我感到十分不安，你要切记切记啊。

可见，司马谈叮嘱司马迁接力修史，不仅是指出了子承父业并使之光大显耀，方为大孝；更强调了史官家族的光荣职责，前有孔子这样的先贤为榜样，后有我们史官家族对于天下国家的论载义务，兹事体大，不可不重！

听到此处，司马迁低头流泪允诺道："小子不敏，请悉论先人所次旧闻，弗敢阙。"（我虽然不聪敏，但一定会完成父业，不敢有丝毫怠慢缺漏。）司马谈死后，司马迁于二十八岁正式做了太史令，接续父亲开始了《史记》的撰写。

·受宫刑而发愤著书

此后，司马迁以著述史记的重任自许。他说"先人有言：'自周公卒五百岁而有孔子。孔子卒后至于今五百岁，有能绍明世，正易传，继春秋，本诗书礼乐之际？'意在斯乎！意在斯乎！小子何敢让焉。"（《太史公自序》）他像父亲一样，将自己的这一著述事业，放到了承继自周公、孔子一脉相承的传统中去，追慕先贤、当仁不让。

但天有不测风云，突然而来的"李陵之祸"，在身体和精神上都给了司马迁极大的打击。

李陵是名将李广的孙子，与司马迁是同僚，但司马迁在《报任安书》中说两人关系并不亲密。天汉二年（公元前99年），汉武帝派贰师将军李广利率三万骑出酒泉，击匈奴右贤王于天山。李陵率五千步兵出居延，北行三十天，直达浚稽山（约在今土拉河与鄂尔浑河间），吸引单于的注意力，以保证贰师将军的出击。但李陵遭遇了匈奴主力八万骑兵的包围，全军覆没，被迫投降。司马迁为李陵辩护，受株连下狱，被判死罪。由于司马迁家贫无钱赎罪，于是受"宫刑"以代死。此即所谓的"李陵之祸"。

司马迁于天汉三年（公元前98年）受宫刑，这一年他四十八岁。两年后出狱，被汉武帝用为中书令。但司马迁认为，受宫刑是奇耻大辱，痛不欲生，一度消沉：

> 仆以口语遇遭此祸，重为乡党所笑，以污辱先人，亦何面目复上父母之丘墓乎？虽累百世，垢弥甚耳！是以肠一日而九回，居则忽忽若有所亡，出则不知其所往。每念斯耻，汗未尝不发背沾衣也！（《报任安书》）

在生与死的沉痛思考中，他又想起了往圣先贤：

> 退而深惟曰："夫诗书隐约者，欲遂其志之思也。昔西伯拘羑里，演周易；孔子厄陈蔡，作春秋；屈原放逐，著离骚；左丘失明，厥有国语；孙子膑脚，而论兵法；不韦迁蜀，世传吕览；韩非囚秦，说难孤愤；诗三百篇，大抵贤圣发愤之所为作也。此人皆意有所郁结，不得通其道也，故述往事，思来者。"（《太史公自序》）

这一段我们在中学时代就很熟悉的励志文句，饱含着司马迁从沉痛中奋起的人生抉择，他终于坚强地活下来，决心完成《史记》。

太始四年（公元前93年），《史记》基本完稿。他在《报任安书》中说："仆诚已著此书，藏之名山，传之其人，通邑大都，则仆偿前辱之责，虽万被戮，岂有悔哉！"忍辱负重，大功终于告成，能传之后世，那么以前所受的万般侮辱，也没什么可后悔的了。或许司马迁觉得，他终于可无愧于祖先，无愧于千古史家之责任了。

中国的历史从哪里开始，中华民族的精神就从哪里产生；中华文明五千年未曾中断，中间分分合合而又终为一体，其中很重要的原因或许在于，有许多司马迁这样的千古史家，以强烈的历史自觉和包容宽广的历史视野，前赴后继，维系着统一的历史记录和历史叙述，承载着我们关于天下国家、人伦日用的价值观念，不断塑造着中华民族的共同体意识。

第二节　包容广大的"五体"结构

体例是一部典籍各部分之间联系的方式和方法，对历史著作来说，它是非常重要的。因为体例是作者历史观、主导思想，特别是所要包含的历史内容的载体；换而言之，它是作者的创作思想和创作内容的表现形式，体例的完善与否，直接决定作者创作的成功与失败。

《史记》是一部纪传体通史，它以宏大的五体结构为中心，创造性地通过本纪、表、书、世家、列传的相互配合、补充、系联，呈现了错综复杂而又融为一体的中华大历史面貌。

·"五体"结构

《史记》由五体构成："本纪"十二篇，"表"十篇，"书"八篇，"世家"三十篇，"列传"七十篇。凡一百三十篇，五十二万六千五百字。《史记》的这一五体结构，载述古代从黄帝到汉武帝约三千年历史，创造了纪传体通史，在史学史上建立了一座巍峨的丰碑。

司马迁在《太史公自序》中也谈及"五体"的创作立意：

> 罔罗天下放失旧闻，王迹所兴，原始察终，见盛观衰，论考之行事，略推三代，录秦汉，上记轩辕，下至于兹，著十二本纪……并时异世，年差不明，作十表。礼乐损益，律历改易，兵权山川鬼神，天人之际，承敝通变，作八书。二十八宿环北辰，三十辐共一毂，运行无穷，辅拂股肱之臣配焉，忠信行道，以奉主上，作三十世家。扶义俶傥，不令己失时，立功名于天下，作七十列传。

简单来说，"本纪"以王朝的更替为体系，用编年的方法纂录历史大事；"世家"记述诸侯世系；"列传"载官僚、士大夫、名人和一般平民的活动，是注述"本纪"的；"表"用简明的表格标注错综复杂的史实，表现历史发展的线索，它是联系纪、传的桥梁；"书"分专题记述政治、经济、天文、地理、典礼等方面的制度沿革，可以看作是分门别类的文化专史。

五体各部皆是一个独立的纵向体系，叙述从古到今的历史发展，例如"本纪"和"表"均上起黄帝，下讫太初。而五体相互之间又有着横向的联系，司马迁创造了"互见法"，往往详此略彼，使五体构成了一个统一的体系。这样的五体结构拥有无限的容量。

此外，《史记》五体，各具笔法义例，呈现宝塔式结构，形象地照映了社会的等级秩序。例如"本纪""世家""列传"三体，不同的笔法载述，恰呈现出从帝王诸侯将相，到士大夫和名人乃至平民的等级序列。

但也正因此，司马迁也会运用五体序列的这种名号上的等级秩序，以"破例为体"来寓褒贬，例如他为项羽立"本纪"，为孔子、陈涉立"世家"，而降吴王刘濞和淮南王刘长、刘安，以及衡山王刘赐为列传，并且他还为游侠、商贾这些传统上不入流者作列传，等等。这些破例处理，均体现了司马迁的褒贬与独特立义。

· 褚少孙补史记

据《太史公自序》,《史记》全书共有一百三十篇,五十二万六千五百字。但传世不久就有残缺。

《汉书·司马迁传》在全文引过《太史公自序》后接着说:"迁之自叙云尔,而十篇有录无书。"但所缺的究竟是哪十篇,班固并未具体说明。裴骃在《太史公自序》末注文中引三国时张晏的话:"迁没之后,亡《景纪》《武纪》《礼书》《乐书》《兵书》《汉兴以来将相年表》《日者列传》《三王世家》《龟策列传》《傅靳列传》。元成之间褚先生补缺,作《武帝纪》《三王世家》《龟策》《日者传》。"

后人常常攻击这一补续"言辞鄙陋,非迁本意也"。事实上褚少孙续补《史记》实为不易。他在补续的过程中,尽量揣测所缺篇章的原意,续补内容基本符合原意,文辞笔法也有独到之处;并且,褚少孙所补保存了一些第一手材料,有较高的史学价值。凡褚少孙所补,传世的版本一般会标明:"褚先生曰"。此外,今本《史记》也有后人补缀的文字,不尽是褚少孙的手笔。

· "三家注"

从魏晋至隋唐,《史记》注疏,见于《隋书》及两《唐书》等三书史志记载的有十五家,但流传下来的只有三家,即南朝宋裴骃《史记集解》、唐司马贞《史记索隐》、唐张守节《史记正义》,世称"三家注"。

"三家注"是汉唐时期"史记学"集大成之作,至今仍有重要的学术地位,是研究《史记》的必读参考书。起初"三家注"各自单行,自南宋起"三家注"与《史记》正文合刻流传,直到今天通行的中华书局点校本《史记》都是"三家注"附于《史记》合排,以方便读者。

第三节　天人古今中的一家言

关于著述史记的宗旨，司马迁曾在《报任安书》中写下过三句话、十五字的定评："亦欲以究天人之际，通古今之变，成一家之言。"

· 究天人之际

"天人关系"是古代思想中最根本的哲学问题。"究天人之际"，即是司马迁针对这一哲学根本问题而提出的命题，表明它撰述的宗旨之一在于探求天道与人事之间的关系。

为解释秦亡汉兴、政权更替之合理性，董仲舒以"天人三策"上书汉武帝，主张"天人相与""天人感应"。简言之，即认为天有其意志，有着至高无上的权威，它主宰人间的一切；帝王是受命于天来统治人民的，因此帝王言行的善恶与政治得失会上感于天，恶行者亡、善行者昌；各种天象变异及水、旱、地震等灾害，或生物变异如嘉禾、芝草等，则是上天对人间帝王及臣民发出的警语。这种天人感应学说塑造和解释着政治统治之正当性，因此成为两汉大一统国家的官方意识形态。

在这种背景和氛围中，司马迁又曾师事董仲舒，他接受了天命论和天人感应说，承认天有意志，并用以解释一些重大的历史变局。例如他认为王朝的兴废更替有天命的作用，秦并天下、汉代大秦便是天命所归。《史记》中也有不少关于天人感应现象记载，例如《天官书》记载"秦始皇之时，十五年彗星四见"，其后秦灭六国，外攘四夷，张楚并起，造成了"死人如乱麻"的时局；此外还有"枉矢西流""五星聚东井""月晕参、毕七重""诸吕作乱，日蚀、昼晦"等。

但是，从总体上来看，司马迁的"究天人之际"，并非只是去阐释董仲舒"道之大原出于天"的思想，毋宁说恰好相反，他对天人关系的看法包含着对董仲舒思想的某种扬弃。天有无意志，它能不能主宰人间事物？司马迁的回答其实是抽象地肯定，但又具体地否定。

也就是说，他虽承认有意志的"天"，但讲"天命"只是表面文章、一般而言的总原则，一旦涉及具体事件和人物评价的时候，在他这里又往往看不到天命论的影子，反而强调人事才是重点，反映出"尽人事、知天命"的二元论态度。因此可以说，司马迁对董仲舒的"天人感应"论，是做了更加积极的解释和运用的，其目的是警示国君改过自新、修德修政。

·通古今之变

"通古今之变"这一命题与董仲舒宣扬的"天不变，道亦不变"针锋相对。"变"是司马迁历史观的核心，他认为宇宙间一切事物都在"变"，只有用"变"的观点才能探究事物的本质和规律。"通古今之变"作为撰述宗旨，则是表明他要去探求古往今来盛衰变迁的原理。

为了认识历史之"变"，司马迁提出了一系列方法论，如"详今略古""详变略渐""综其终始""原始察终，见盛观衰"等等。例如，"十表"的结构和内容就鲜明地反映了司马迁"详变略渐"和"详今略古"的历史观与方法论。

所谓"详变略渐"即是要突出"变"。他认为相对于缓慢变化（渐）的时期，那些剧烈变革（变）之世的历史，更应该重视和总结。因此他才会专门编著《秦楚之际月表》：

太史公读秦楚之际，曰："初作难，发于陈涉；虐戾灭秦，自项氏；拨乱诛暴，平定海内，卒践帝祚，成于汉家。五年之间，号令三嬗，自生民以来，未始有受命若斯之亟也。"（《秦楚之际月表·序》）

所谓"详今略古"即是要突出"今"。古人的经验当然要借鉴、以古为镜，但另一方面时异世变、古今不同，不可混淆古今差别而泥古不化，今天的经验更足为参考：

然战国之权变亦有可颇采者，何必上古。（《六国年表·序》）

居今之世，志古之道，所以自镜也，未必尽同。帝王者各殊礼而异务，要以成功为统纪，岂可绳乎？观所以得尊宠及所以废辱，亦当世得失之林也，何必旧闻？（《高祖功臣侯者年表·序》）

· 成一家之言

"成一家之言"可简括为"一家言"，是司马迁在史学上的一个首创。它表明，司马迁作史，并不是历史资料的记录和事实的堆积，而是要阐明自己的思想，以启迪后人、影响社会。

"我欲载之空言，不如见之行事之深切著明也。"司马迁的"一家之言"熔铸在《史记》之中，表现在其文辞笔法、体例详略、选材判摄等各方面，也表现为他对哲学、政治、经济、文化、社会及伦理各个领域的思想观点，内涵极其丰富。

一言以蔽之，我们可以说，他在创作上独立成"家"，在思想上自立为"言"，而其终极目标是追慕孔子，效法《春秋》，最后上升为代"圣"立"言"的境界。这可以从三个层次来剖析：

其一，"一家言"的结构：融会贯通百家学说以建立统一的新思想体系。

其二，"一家言"的核心思想：稽其成败兴衰之理以志古自镜。

其三，"一家言"的表述形式：创立百科全书式的纪传体通史，奠定了史学的独立地位。

就此而言，司马迁自述的"究天人之际，通古今之变，成一家之言"的创作宗旨，其核心最后是落实在"成一家之言"上的。他在融会百家基础上，探究古今盛衰之理，以合适的体例形式，构筑了一个以论"治"为核心的思想体系，他的历史著述恰是这"一家之言"的载体。

第四节　千古流传中的《史记》

·《史记》流传与"史记学"

司马迁的《史记》，在今天受到了广泛重视，但在汉代，它并不为统治阶级所喜。

《史记》完成之日，正是汉武帝设立五经博士、推崇儒学之时，战国时代"百家争鸣"的局面荡然无存。在正统思想家眼里，《史记》就成了离经叛道之作，被视为"谤书"。因此，两汉时期《史记》在上层统治集团的传布，受到政府的严格控制。《汉书·宣元六王传》载，成帝时，东平王刘宇来朝，上书求《太史公书》，成帝以问大将军王凤。王凤以为《太史公书》有"战国从横权谲之谋，汉兴之初谋臣奇策，天官灾异，地形阨塞：皆不宜在诸侯王。不可予"[1]。成帝最终听了他的建议，不给东平王书。

但《史记》的巨大成功，尤其是它纪传了帝王将相政绩，有着巨大借鉴价值，又受到了统治者的极大关注，人们也纷纷仿效其体例对后来的历史进行补续和创作。西汉后期续《太史公书》别行的有十六家（未包括褚少孙），这十六家作者均是续作汉武帝以后纪传，单独别行。东汉班彪集其大成，共有六十五篇，称为"后传"；班固扩充以成《汉书》，创造了纪传体断代史，也取得巨大成功，被目为"五经之亚"。《汉书》因袭《史记》，反过又推动了《史记》的流传，故而学术史上经常"马班"并提。

《史记》流布民间，得益于宣帝时司马迁外孙杨恽的向外传播。《汉书·司马迁传》载其事云："迁既死后，其书稍出。宣帝时迁外孙平通侯杨恽，祖述其书，遂宣布焉。"[2]从此开始的《史记》研究，如同西汉古文经学一样，在民间士大夫中流传，到了东汉逐渐扩大，《史记》也因之流布渐广。

魏晋南北朝时，人们对《史记》与《汉书》的注释与研究，并行发展，

---

[1]（汉）班固《汉书》，中华书局 1962 年版，第 3324 页。

[2]（汉）班固《汉书》，中华书局 1962 年版，第 3325 页。

至隋唐而集中古研究之大成，形成了专门的"史记学"与"汉书学"。这是因为随着汉王朝的瓦解，《汉书》独尊地位受到冲击，《史记》"谤书"之说得到辩诬。客观环境的变化，扫除了《史记》流传的障碍；而这一时期纪传体史学的大发展，也推动了《史记》的研究。

从魏晋至隋唐，《史记》注疏，见于《隋书》及两《唐书》等三书史志记载的有十五家，但流传下来的只有三家，即"三家注"。唐代中后期，散文大家韩愈、柳宗元倡导古文运动，反对六朝骈俪遗风，以《史记》为旗帜，从而奠定了《史记》在文学史上的地位。可以说，《史记》在唐代的影响是空前的。

宋代统治者重视史学的修撰，《新唐书》《新五代史》《旧五代史》以及《资治通鉴》都在北宋完成。科举考试改诗赋为策论，大大推动了史籍的流传。政治形势影响文化风尚，所以宋代士人钻研史书十分努力，并形成好发议论的习惯，从而开了评论《史记》的风气，尽管专门著作不多，而散论文章可以说是洋洋大观，数量、质量都可称雄一代。宋人对《史记》总体的评论，其识见高于唐人一筹。

元代由于政治的原因，整体社会学术氛围不浓，《史记》研究成绩不大。但元代用戏曲形式宣传《史记》，在普及方面取得了空前的成就。《史记》戏在全国上演，《史记》的人物故事广为人知。这无疑为明清以来的"史记学"发展奠定了深厚的群众基础。

明人研究《史记》，承袭宋人的评论余风，发展壮大成为一代主流。明人评点改变了宋人因人因事立题的单篇论文和读书笔记的形式，而以恢弘气度对《史记》全书评点，出现了形式多样的评点专著。

清代是《史记》流传和研究的高峰，其流传之广、研究者之多、成绩之丰厚，都是前所未有的。清人的《史记》考证，通过训诂、笺释、校勘、辨伪等方法和手段，对《史记》做了全面系统的整理研究。著名的考据学家，如王鸣盛、钱大昕、赵翼、何焯、王念孙、梁玉绳等人，都在《史记》考证上下过一番工夫。其中以梁玉绳的成绩为最大，他的《史记志疑》可代表清人《史记》研究的最高水平。

·《史记》的优秀版本

《史记》流传两千多年以来，影响很大，历代抄本、刻本以及近代活字本繁多，但是流传下来的古代善本并不多，唐以前抄本仅有少许残卷。《史记》刻本始于北宋，有"三家注"单刻本；南宋始有合刻本，历经元明清，后又有许多新刻本。

目前最广泛使用的《史记》版本有二：

中华书局 1959 年本。1959 年，顾颉刚先生等著名学者以金陵局本作为底本，对《史记》进行分段标点，并以方圆括弧来表明字句的删补，形成新中国以来最有影响力的《史记》点校本，由中华书局出版。该书是学术界继唐代"三家注"定本以来最精善的一次整理，集千余年来学术研究之大成，在《史记》版本校勘学研究发展史上，是一个重要的里程碑。

中华书局 2014 年本。2007 年，中华书局组织点校本"二十四史"的修订工程，将《史记》作为重中之重，在原点校本的基础上，不仅对底本、通校本、参校本作了复核和补充，还改变了方圆括弧的校勘形式，增加了上千条校勘记；对原标点一一复核，进行修改和统一。2013 年出版精装本。2014 年 8 月，在吸纳读者意见和自我完善的基础上，中华书局推出《史记》（修订平装本）。

第五节　"序游侠"与"述货殖"

如前所述，司马迁的"一家之言"熔铸在《史记》之中，表现为他对哲学、政治、经济、文化、社会及伦理各个领域的观点，内涵极其丰富，可见于各篇。而其独立成"家"、自立成"言"的特点，也突出表现在他"不与圣人同是非"、敢于大胆立说。就此而言，班氏父子对司马迁的评价颇为鲜明，其中班彪评价道：

迁之所记，从汉元至武以绝，则其功也。至于采经摭传，分散百家之事，甚多疏略，不如其本，务欲以多闻广载为功，论议浅而不笃。其论术学，则崇黄老而薄《五经》；序货殖，则轻仁义而羞贫穷；道游侠，则贱守节而贵俗功：此其大敝伤道，所以遇极刑之咎也。[1]

班固与其父亲的观点十分近似，他认为司马迁：

其是非颇缪于圣人，论大道则先黄、老而后六经，序游侠则退处士而进奸雄，述货殖则崇势利而羞贫贱，此其所蔽也[2]。

从班氏父子角度来看，崇尚黄老思想，为游侠、商贾做传是司马迁思想的重大问题。但这从一个侧面说明，《游侠列传》与《货殖列传》在《史记》中具有代表性。我们就选讲这两篇的内容，来印证司马迁的"一家言"。

· 序游侠

《游侠列传》主记汉代游侠事迹，其中占到篇幅最多的是朱家、田仲与郭解。所谓游侠，是指战国以来的一些英豪商义的特殊人物，他们因"不爱其躯，赴士之阨困"而获得了崇高的社会声望；但他们既没有显赫的贵族身份，也都未曾担任官职而掌握权力。司马迁记述的其实都是"布衣之徒""乡曲之侠""闾巷之侠""匹夫之侠"，说明这些游侠是下层人民，或至少接近下层人民，他们与普通人并没有太大区别。

这样一群爱好行侠的平民百姓，凭什么能够与其他征战开国、权倾朝野的名将重臣同列呢？为此，司马迁在记叙游侠的事迹之前，花费了大量的篇幅来讨论侠的正义性：

今游侠，其行虽不轨于正义，然其言必信，其行必果，已诺必诚，不爱其躯，赴士之厄困，既已存亡死生矣，而不矜其能，羞伐其德，盖亦有足多者。

---

[1]（汉）范晔《后汉书》，中华书局1965年版，第1325页。

[2]（汉）班固《汉书》，中华书局1962年版，第2737页。

游侠能够急人之急，言而有信，轻生死而重承诺，经历了生死存亡也并不自我夸耀能力和品德，这种精神是值得称赞的，因而尽管其行为往往"犯禁"，但仍然具有正义性。

司马迁在描写这些人物的精神品质时，将他们与其他各类人物对比。例如，与"以术取宰相、卿、大夫"的儒者比，他称赞游侠"盖亦有足多者"；与"抱咫尺之义，久孤于世"的季次、原宪比，他强调游侠对社会作出了更大的贡献，"比权量力，效功于当世，不同日而语矣"；与"招天下贤者，显名诸侯"的孟尝君、春申君、平原君、信陵君比，游侠没有依仗封国及卿相的雄厚财富，以及在各诸侯国中的名声显赫，而是通过修行品行、磨砺名节，名望传布天下，无人不称赞他们的贤德，这是难能可贵的。司马迁还特别强调了游侠不同于鱼肉乡里的豪强，他写道：

> 汉兴有朱家、田仲、王公、剧孟、郭解之徒，虽时扞当世之文罔，然其私义廉絜退让，有足称者。名不虚立，士不虚附。至如朋党宗强比周，设财役贫，豪暴侵凌孤弱，恣欲自快，游侠亦丑之。余悲世俗不察其意，而猥以朱家、郭解等令与暴豪之徒同类而共笑之也。

他们的名声并不虚假，那些依仗财势奴役穷人、凭借暴力欺凌孤弱的人，游侠也会认为其可耻。所以不应该将朱家、郭解与那些暴虐豪强之流视为同类。司马迁正是通过一系列这种对比突出了游侠的高尚、无私的精神。

这种对游侠的歌颂、赞扬，其中所蕴含的正义观念的形成，或与司马迁的人生经历息息相关。他的仕途并不得意甚至称得上是悲剧，李陵之祸之后，他多有不满，曾以历史上六位儒家"有道仁人"自比：

> 且缓急，人之所时有也。太史公曰：昔者虞舜窘于井廪，伊尹负于鼎俎，傅说匿于傅险，吕尚困于棘津，夷吾桎梏，百里饭牛，仲尼畏匡，菜色陈、蔡。此皆学士所谓有道仁人也，犹然遭此落，况以中材而涉乱世之末流乎？其遇害何可胜道哉！

虞舜、伊尹、傅说、吕尚、管仲、百里奚、孔子，这些有道仁人尚且遭遇坎坷，何况自己只是作为"中材"，身处"乱世之末流"，身遇其害，又有什么值得说的呢。显然，这是对武帝时期有所隐刺和不满。他始终相信自己的行为是合乎正义的，而他的诸般遭遇，使他对游侠的事迹有着无限同情和向往：侠虽以武犯禁，"时扞当世之文罔"，但"其私义廉洁退让"，别有一番正义和气节。

实际上，在大一统的背景之下，国家治理日益理性化，私人暴力渐为社会所不容，游侠已成为统治秩序的干扰因素，汉政府曾以各种手段收编与打击侠士。到了武帝时期，游侠的黄金时代已然结束，郭解的命运与汉初侠士就大为不同。班固称游侠"以匹夫之细，窃生杀之权，其罪已不容于诛矣"[1]，便是站在大一统的国家理性的角度去批判游侠。但国家理性并不能保证全部社会生活的细节正义，此时私人暴力的行侠仗义便仍然能带来大快人心、伸张正义的效果，司马迁敢于在《史记》中逆着风向歌颂游侠，为游侠树碑立传，既是其著史的勇气与魄力，也体现其别具一格的见识与深刻用意。

·述货殖

《货殖列传》记叙春秋至秦汉以来从事"货殖"的杰出人物及其活动，如范蠡、子贡、白圭、猗顿等。"货殖"字面意思为"滋生资货财利"，特指利用货物的生产与交换，从中生财求利的商业活动。当然，司马迁在具体论述中所指的货殖，广泛包括各种手工业，以及农、牧、渔、矿山、冶炼等行业。

这一篇是反映司马迁经济思想的重要篇章，它不仅记载了春秋以来的著名商人的言论与事迹，赞扬了他们的卓越才能，而且分析并论证了商业活动发生发展的必然性，突出地肯定了商业活动在发展经济、在强国利民上的重大意义，还提出了"农、工、商、虞"四者并重，各不可缺的主张等。

自春秋战国以来，道家宣扬"寡欲"，儒家反对"言利"，均对商贾之事采取否定甚至敌视的态度，司马迁引证事实验斥了儒、道两家在经济问题

---

[1]（汉）班固《汉书》，中华书局1962年版，第3699页。

上的一些迂腐僵化的观点。

他首先批判了老子"小国寡民"的思想，认为想要做到老子说的"邻国相望，鸡狗之声相闻，民各甘其食，美其服，安其俗，乐其业，至老死不相往来"，除非堵塞了人们的耳目，否则"几无行矣"，根本不可能。

他提出耳目口腹之欲是与生俱来的，不会因为精妙言论的劝说而改变：

夫神农以前，吾不知已。至若《诗》《书》所述虞、夏以来，耳目欲极声色之好，口欲穷刍豢之味，身安逸乐，而心夸矜势能之荣。使俗之渐民久矣，虽户说以眇论，终不能化。

人们沉溺于耳目口腹之欲，怎么办才好呢？他说"故善者因之，其次利道之，其次教诲之，其次整齐之，最下者与之争"。因势利导是为上策，给予教化管理则次之，而其中最为下策便是与民争利——此处暗中贬斥了汉武帝实施的盐铁官营等兴利政策。如何才能因势利导，满足人们利益的需求呢？他主张要重视生产，让各行各业的人各尽其才。

其次，他批判了儒家空谈仁义而不讲物质利益的观点：

故曰："仓廪实而知礼节，衣食足而知荣辱。"礼生于有而废于无。故君子富，好行其德；小人富，以适其力。渊深而鱼生之，山深而兽往之，人富而仁义附焉。富者得势益彰，失势则客无所之……故曰："天下熙熙，皆为利来；天下攘攘，皆为利往。"

他重视财富，物质财富才是仁义施行的基础，仓廪实而知礼节、礼生于有而废于无。正如水深才生鱼，山深才生野兽，人富了才会有仁义。况且天下皆为利而来、为利而往，是一个普遍自然的现象，没有必要排斥。

再次，司马迁重视工商业，肯定富商大贾，赞扬那些不仕而富的人：

皆非有爵邑奉禄弄法犯奸而富，尽椎埋去就，与时俯仰，获其赢利，以末致财，用本守之，以武一切，用文持之，变化有概，故足术也。

这些商人不是通过作奸犯科，而是利用经济规律获得财富，是值得效法的。司马迁对通过自己经营而致富的商人给予充分的肯定。并且"富无经业，则货无常主，能者辐凑，不肖者瓦解"，致富并不是只有从事某些一定的行业才能办到，财富本来没有固定不变的主人，能干的人能使财富归向自己，因此司马迁认为这些通过实干而获得万贯家资的人是值得赞扬的。

最后，相对于这些成功的商人，司马迁则贬斥了那些贫穷而喜欢谈"仁义"之士：

> 若至家贫亲老，妻子软弱，岁时无以祭祀进醵，饮食被服不足以自通，如此不惭耻，则无所比矣。

贫穷的人上不能奉父母，下不能蓄妻子，逢年过节无钱祭祀祖宗鬼神，凑不出乡里聚餐的份子钱，吃喝穿戴均难以自足，是应该羞愧的。因此，"无岩处奇士执行，而长贫贱，好语仁义，亦足羞也"，没有真正隐士的高尚品德，而长期贫贱，还空谈"仁义"，是令人羞耻的。

《货殖列传》关注商业和物质生产，是《史记》中极具思想启迪性的篇章。一方面，它突破了春秋战国以来一直居于主导地位的"重本抑末"思想，论证了人类追求财富的合理性，明确肯定了商人致富的合法性，体现了司马迁对人类社会物质生产与交换活动之重要性的历史洞见。与此相关，《货殖列传》中还有很多商业竞争的经验之谈，阐述非常精辟，也是全篇的亮点，值得细细品读。

另一方面，司马迁在阐述货殖富民、经济天下之论时，背后所依靠的仍是大一统帝国的宏观视野。例如，他列举各地特产商品，感叹山西、山东、江南、龙门碣石北之产，"皆中国人民所喜好！"，勾勒了一幅不同地域互货交流的中华民族共同体场景；而他主张重视生产，让各行各业的人各尽其才，也体现了从统一国家的治理的角度来看，需繁荣并育万物，使人民"各任其能，竭其力，以得所欲"，等等。

结语

《史记》展现了自远古到西汉前中期的宏大历史画卷。

中华文明在其产生的初期呈现出文化多元性，而随着各文化的发展、地域的扩张和人口的迁徙，彼此交融影响，形成了以中原文化为核心，不同地域文化各具特色又逐步融为一体的"多元一体"格局。春秋、战国时期激烈的兼并战争，又进一步打破孤立与静态的生活格局，经济社会与文化不断交流重组。

秦汉帝国建立后，随着"书同文""车同轨""行同伦""度同制"以及"罢黜百家、独尊儒术"等举措的实施，实现了政治、经济、思想的大一统局面，在此基础上以统一为主流的国家观念渐趋深入人心；同时随着汉武帝开边与张骞"凿空西域"，这一时期也有着开拓进取、包容宏大的时代精神，中华文明的视野不仅自觉囊括共同的古往今来，也拓展到东西南北更深远的广大疆域。

我们尝试在这样的时代背景和历史维度中，去把握《史记》这样一部经典的文明史意义，去理解其中的宏大视野、选材与笔法、结构与体例等为何具备如此这般的特点，理解其具体篇章的撰述宗旨，以及千古史家们前赴后继对其修缮补注中所蕴涵的大一统精神等等。

中华文明的"历史感"很独特，那些光辉历史著作中的记录和叙述塑造了我们的共同体意识，也激励了此后一代代中国人守护历史的文化自觉。当然，事物盛极而衰，到东汉中后期，天下再次分崩离析，中国又进入了一个长期混战而危机重重的时代，那时的士人又将如何去守护历史中国的礼乐文脉呢？

【必读建议】

《史记·游侠列传》《史记·货殖列传》《太史公自序》

【选读建议】

《史记·高祖本纪》《史记·孔子世家》《史记·魏其武安侯列传》《史记·魏公子列传》《史记·河渠书》

【思考题】

1.读《史记》"秦本纪"，楚、吴、越世家，匈奴、西南夷等蛮夷列传，任选一篇或几篇，谈谈你对司马迁"多元一体"史观的理解。

2.《史记》中多次提到"高鸟尽，良弓藏，狡兔死，走狗烹，敌国破，谋臣亡"，汉初的激烈的矛盾纷争中，萧何的日子并不好过，"伴君如伴虎，君臣遇合难"，最后却得以善终，读《史记·萧相国世家》，谈谈萧何是如何处理君臣之间的关系，对此你有何认识与理解？

3.游侠的行为本为当权者所不容，班固说"序游侠则退处士而进奸雄"（《汉书·司马迁传》），游侠入传受到了后世史家的颇多非议。司马迁为什么反而要带着欣赏的态度去写这些人，游侠存在的意义究竟是什么？对后世有哪些影响？请谈谈你的看法。

4.《史记》的《货殖列传》中记载了西汉疆域内各地的风俗与物产，请仔细阅读这一篇，其中有没有谈及你的家乡？归纳一下司马迁是如何描述你的家乡的，并谈一谈你的认识。

【扩展阅读】

关于《史记》的进一步精读，可参考复旦大学陈正宏先生的《〈史记〉精读》（复旦大学出版社，2006），全书选取《史记》的《殷本纪》《六国年表》《河渠书》《越王句践世家》《伯夷列传》《刺客列传》《刘敬叔孙通列传》与《太史公自序》八篇，逐篇逐段加以通俗而详明的讲解，叙解明晰，文笔晓畅，十分适合本科低年级同学阅读。

若想深入了解《史记》各篇章，可参看已故学者周振甫先生的《〈史记〉集评》（重庆大学出版社，2010），该书结合《史记》所载历史，博采众议，对历代《史记》评论进行条分缕析，将《史记》的深邃内涵揭示给读者，为同学们阅读《史记》提供了重要的参考。

　　欲对秦汉时代有更为全面的认知，可参看王子今先生的《秦汉史：帝国的成立》（中信出版社，2017），全书以传世文献与文物资料为基础，展现帝国成立之初曲折的历史走势与雄大的文化气象，同时突出中国文化少年时代的生活情状和精神风貌，以及秦汉百姓意识、情感、日常生活节奏的转变，是近些年秦汉断代史研究不可多得的佳作。

.

《世说新语》

　　《史记》为我们勾勒出从远古到西汉前中期的中国历史脉络，其叙述所展示的多元一体的历史画卷，正是秦汉以来"大一统"国家观念的集中体现。秦汉建政所形成的强有力的中央政权，由此构筑的一整套从中央到地方的、行之有效的治理体系，及其背后的思想内涵支撑，为此后中国的国家社会特点、以统一为主流的国家观念，均奠定了深厚的基础。然而大一统的汉王朝在持续 400 余年后，于内忧外患之中走向动荡衰亡。自东汉末年黄巾起义，至隋再度统一中国，这段分裂战乱的历史时期达 400 余年。在漫长的乱世之中，中华文明何去何从？对后世中华文化发展带来了怎样的影响？罹乱中的国人又展现了怎样的风采？要了解这些，《世说新语》是一极好的入口。

　　关键词：乱世、风流、名教与自然、任诞与器量、儒道会通

第四章
文明的罹乱与交融

东汉灵帝光和七年（公元 184 年），黄巾起义爆发。尽管起义最终失败，但由此带来的军阀割据混战局面已无法挽回，东汉王朝大势已去，陷入分裂状态。经过连年兵燹，割据势力相互吞并，于公元 229 年形成三国鼎立之势。尔后"三家归晋"，西晋自 280 年起暂时在一定范围内实现了统一。但短暂的统一之后，公元 291 年开始的八王之乱掀起了西晋的内耗，西、北方向的少数民族在气候变冷的条件下，趁西晋内耗空虚，大规模南下进入中原腹地。历史上的"五胡乱华""永嘉南渡"即在此时发生。空虚的西晋灭亡，北方少数民族入主中原，中原士族第一次大规模南迁，于公元 317 年建立了东晋政权。南北对峙之势从东晋一直维持到南北朝，政权更迭频繁、天下动荡不安。最终，北方政权中发展出的隋政权在公元 589 年由北向南实现了再一次的大一统，结束了这段分裂动荡的历史。

由以上简单的勾勒可以看到，分裂与战争是这段时期的常态。政局动荡，皇权衰微，人口大规模迁徙，民族关系复杂。但独尊之皇权与儒家思想的削弱，也带来了开阔的精神空间和宽松的文化环境；人口迁徙与各民族大融合、大交流，促进了多元文化的持续交流碰撞。与政治、社会的苦难并生，这一时期出现了某种文化上的高度繁荣。哲学、文学、艺术等领域群星璀璨，取得了极大的成就。诚如宗白华先生所言，汉末魏晋南北朝"是中国政治上最混乱、社会上最苦痛的时代，然而却是精神史上极自由、极解放，最富于智慧、

最浓于热情的一个时代。因此也就是最富有艺术精神的一个时代。"[1]

《世说新语》记叙了这一时期"士人"的许多言行掌故，反映了天下衰乱之际人们的生活方式、思想观念、精神追求，提供了研究"魏晋风流"的许多优秀史料，是鲁迅眼中的"一部名士的教科书"，更是我们把握这个时代，了解中华文明在罹乱交融中传承与发展的一部珍贵作品。

---

[1]宗白华《论〈世说新语〉和晋人的美》，《美学散步》，上海人民出版社 2005 年版，第 356 页。

第一节　《世说新语》是怎样一部书？

· "六朝志人小说"

《世说新语》的体裁一般被归为"六朝志人小说"，它是轶闻隽语式笔记小说的先驱，也是历史上掌故小品文的典范。

所谓"六朝"，有狭义和广义之分。狭义的六朝，指的是公元三世纪初到六世纪末，东吴、东晋、南朝宋、南朝齐、南朝梁、南朝陈这六个建都建康（今南京）的朝代。广义的六朝，则是指从汉末天下大乱到隋再度统一中国这大约四百年中间整个南北方的历史，这一段历史也被称为魏晋南北朝。《世说新语》成书于南朝宋，记载的主要是从东汉末年到东晋末年社会上层士人的言行轶事，被看作是典型的六朝著作。

所谓"志人"，就是"记人"。《世说新语》记载的是魏晋贵族名士的言和行。其中既有大家熟悉的曹操、司马懿等乱世英雄，也有曹植、建安七子、左思潘岳、王羲之等文人墨客，还有常常被作为魏晋风度代表的竹林七贤等等。这些人被统称为"魏晋名士"。鲁迅先生曾评论它："记言则玄远冷俊，记行则高简瑰奇。"[1]这部著作以高超的文学技巧反映了那个时代名士们的独特风貌。

《世说新语》所记的这些名士都是历史上真实存在过的人物，因此人们可能会有疑问：记载历史人物的故事，应该是史书或者传记，可为什么《世说新语》是小说呢？

这就涉及中国古代的"小说"概念。"小说"一词最早见于《庄子·外

---

[1]鲁迅《中国小说史略》，上海古籍出版社1998年版，第38页。

物》："饰小说以干县令，其于大达亦远矣。"[1] 这里"县"是"悬"的意思，"悬令"就是美好的名声。修浅陋之辞以求美名，于大道来说距离甚远。在这句话中，"小说"是指浅陋琐碎的言论。班固《汉书·艺文志》则干脆将"小说家"作为九流十家之末，并解释道："小说家者流，盖出于稗官。街谈巷语，道听途说者之所造也。"[2] 小说家的形象在此甚为不堪。

这两句中的"小说"都与后世的小说概念有所区别，但却暗示着中国古代小说概念的一些特征：

首先，"小说"之"小"，暗含着其不同于"大知""大道"。所谓"文以载道"，载的是宏大的、通常关乎治国平天下的道理。而小说则往往是记载一些逸闻趣事，因此从传统观念上来看，它在价值上是"小"的。当然，以今天的眼光来看，它的价值并不小，甚至有时胜于一些所谓的"载道"的作品。

其次，"小说"之"说"，表明其来源是"街谈巷语""道听途说"，未必可靠。当然，来源未必可靠，但也未必就不是真的，而往往是真伪难辨，难以考证。在"小说"和"史书"之间因此就构成了一种边界模糊的交错地带。这倒使得它具有了多角度去刻画描述的价值，因而常为人们引为旁证。

因此需要指出，虽然今天我们提到"小说"，作为一种文学创作类型，首先唤起的是"想象"或"虚构"的观念，然而中国古代的"小说"确是在史传中滋养起来的。就《世说新语》而言，它具有小说记录逸闻趣事、来源真伪难辨的特点，但它所描绘的魏晋名士风流、营造的魏晋历史氛围，都具有很强的真实性，因而仍然带有"史"的色彩。

· 刘义庆与刘孝标

《世说新语》的作者刘义庆，是南朝刘宋的宗室，曾封临川王。《宋书》本传中称他"爱好文义，才词虽不多，然足为宗室之表"，并且喜欢"招聚文学之士，近远必至"。[3]

---

[1] 方勇译注《庄子》，中华书局 2015 年版，第 459 页。

[2]（汉）班固《汉书》，中华书局 1962 年版，第 1745 页。

[3]（梁）沈约《宋书》，中华书局 1974 年版，第 1477 页。

　　南朝时期，上层社会有崇文的风气，一些政治地位显赫的人物，尤其是王室成员，喜欢招聚文士、编撰书籍。这往往不仅是出于个人的兴趣爱好，同时还有标榜风雅、博取美誉的用意。而所编撰的书籍虽然只署他们的姓名，通常却是在其周围文士的参与下完成的。在这样的风气中，刘义庆作为一个文词不多又喜招聚文学之士的"王"，我们因此很难断定《世说新语》是他独立撰著，倒更有可能是由他和门客们共同编撰完成。

　　之所以强调"编撰"，是因为《世说新语》的内容并非完全出于原创，而是既有承袭，又有创作。所谓承袭，是指《世说新语》汇辑了大量此前的文献资料。这些前源文献中，关系最为密切的是与之性质相同的志人小说，如裴启《语林》、郭澄之《郭子》。此外，还有许多资料来源于各种史书和人物传记，如《汉书》《三国志》，以及东汉以后兴起的各种杂史、杂传等。

　　但《世说新语》并不是单纯地汇辑资料。首先，编撰者对采用的旧文做了一定的删削、润色，使得全书文字风格大体统一。其次，编撰者按自身的趣味和立场，按"价值递减"的原则将所汇辑的资料分门别类来编排，从不同的角度，全面而立体地呈现出魏晋名士的精神与风采。

　　除了作者刘义庆，《世说新语》的注者刘孝标也值得关注。刘孝标是南朝梁代一位以博闻周览著称的学者和文学家，名峻，以字行。他以注释历史著作的标准为《世说新语》作注，补充了大量史实，纠正了一些讹误的传闻，可谓征引广博，考订精审，文辞生动，在历史、文学等方面都具有很高的价值，因而被视为后世注书之圭臬。阅读《世说新语》，借助刘孝标注，可更为全面深入地理解文意，体会魏晋风流。

　　顺带提一点，文史界有所谓"四大名注"的提法，也称为"四大古注"，指的是四部价值不低于甚至高于原著的注释：南朝宋裴松之《三国志注》、南朝梁刘孝标《世说新语注》、北魏郦道元《水经注》、唐李善《文选注》。之所以被称为"四大名注"，首先是因为所注质量上乘；更重要的是，它们保存了大量今天已经亡佚的古籍书目及部分内容。这四部注释中有三部成书于南北朝时期，另一部成于稍晚的唐朝，它们大量引用同时代或稍早时代的著作，由于中古的著作流传下来的并不多，许多有价值的书正是依靠着这些古注，让我们今天还能一窥其面貌。

·《世说新语》的结构

如上所述，《世说新语》按"价值递减"的原则将所汇辑的资料分门别类来编排。具体来说，书分上中下三"卷"，各卷又分"门"，每门记述若干条名士言行掌故，全书共三十六门一千一百三十条。而之所以说"价值递减"，是因为这些门类的顺序似乎体现着编撰者基于自身的趣味和立场，有着就"重要性"而言的次第。

例如上卷共四门，为"德行""言语""政事""文学"。所谓"四门"，即是说将这些人物传记分为四大类。这个分类是有着深厚的文化历史渊源的，它来自于著名的"孔门四科"。《论语·先进》记载孔子评价自己的得意门生说：

德行：颜渊，闵子骞，冉伯牛，仲弓。言语：宰我，子贡。政事：冉有，季路。文学：子游，子夏。[1]

孔子将他最得意的学生，按照德行、言语、政事、文学四科进行了归类和评价。由于孔子的评价仅有这四个方面，因而被后世认为是儒家最为重要的四个分科，称为"孔门四科"。《世说新语》将这四门列为上卷，可见其有一定的崇儒倾向，魏晋时期尽管儒学衰微，但儒家思想的潜在影响仍不容忽视。

中卷包含"方正""雅量""识鉴""赏誉""品藻""规箴""捷悟""夙惠""豪爽"九门，极能见出魏晋风度不同于其他时代之特点。

下卷则为自"容止"直至"仇隙"的二十三门。这些名称多含贬义，其中也不乏令人鄙弃的行为故事，因此下卷的这些门，比起前面两卷尤其是上卷的"孔门四科"来，就显得等而下之了。不过，诸如"容止""巧艺""任诞"等门，均体现了魏晋的独特风貌，即便是"俭啬""汰侈""纰漏""惑溺"等门，也往往人物鲜活，饶有趣味，反映出魏晋文化特色。

---

[1] 钱穆《论语新解》，九州出版社 2011 年版，第 256 页。

第二节　魏晋风流中的时代精神

　　读《世说新语》，品名士风流，自是题中应有之义。旧的大一统秩序已经瓦解，新的稳定秩序尚未形成，天下正扰攘、四野多逃奔，政教与风俗皆在动荡变化。时代的困境、家国之忧患，转换升华为诸如自然与名教的关系这样的思想问题，体现在魏晋名士之生活、风貌、精神与观念之中，因此魏晋之风流或风度，既是中华文明在特殊时代的产物，又构成了中华文明在罹乱之中的自新环节，是文明发展延续的重要部分，值得我们认真品鉴审视。

　　《世说新语》所体现的名士风流究竟包含些什么具体内涵，历来有诸多大家进行过总结，如冯友兰《论风流》认为魏晋风流必有玄心、洞见、妙赏、深情。[1]李泽厚《美的历程》将其归纳为"内在的智慧，高超的精神，脱俗的言行，漂亮的风貌"。[2]《剑桥中国文学史》则总结为"心智睿敏、潇洒风流，以及得到社会首肯的放诞。"[3]然而，无论是外在的脱俗言行，还是内在的智慧与深情，都离不开魏晋文化思想的时代转变。

·"玄学"时代的到来

　　从东汉后期开始，地方豪强势力日益壮大，在经济上以封建庄园经济为基础，在政治上垄断官职、日益显达，形成所谓"士族"。进入乱世，原来至高无上的皇权和大一统的中央集权受到撼动，与之对应的则是士族的权力进一步上升。曹魏统治者曹丕首创"九品中正制"，保障士族的政治特权得以世代相袭，进而在两晋形成了"上品无寒门，下品无势族"[4]的门阀政治制度。士权世袭、门阀政治，在一定程度上具有相对于皇权的独立性，原本

---

[1]冯友兰《论风流》，收入骆玉明、肖能选编《魏晋风度二十讲》，华夏出版社 2009 年版，第 222-231 页。

[2]李泽厚《美的历程》，生活·读书·新知三联书店 2009 年版，第 95 页。

[3][美]孙康宜、[美]宇文所安主编，刘倩等译《剑桥中国文学史》，生活·读书·新知三联书店 2013 年版，第 246 页。

[4]（唐）房玄龄等《晋书》，中华书局 1974 年版，第 1274 页。

独尊的皇权大受削弱。

与皇权下降、士权上升相伴出现的，是儒家思想的独尊地位受到动摇。两汉时期为服务于大一统王朝政教秩序形成的儒家名教系统几近崩塌。什么是"名教"呢？对于"名"，《论语》有这样的论述：

> 子路曰："卫君待子而为政，子将奚先？"子曰："必也正名乎？"子路曰："有是哉！子之迂也。奚其正？"子曰："野哉，由也！君子于其所不知，盖阙如也。名不正则言不顺，言不顺则事不成，事不成则礼乐不兴，礼乐不兴则刑罚不中，刑罚不中则民无所措手足。故君子名之必可言也，言之必可行也。君子于其言，无所苟而已矣。"[1]（《论语·子路》）

孔子认为为政之始应是"正名"，因为名不正则言不顺，言不顺则事不成，事不成则礼乐不兴……如此推下去，一切都失去了秩序。因此，"名"是一切秩序的起点，是社会治理的根本。由是儒家崇尚名教之治，以建立伦理纲常的体系，安顿政教秩序。至于名教体系的根据和来源，按照汉武帝"罢黜百家、独尊儒术"之后董仲舒的论证，则来自"天人相与"，天地有尊卑、阴阳，人间有等级礼法，"天不变，道亦不变"，君臣父子，伦理纲常，当然也不变。

而从东汉末年天下大乱以来，两汉时期建立起来的儒家名教系统已经面临崩溃，"君君臣臣父父子子"[2]已经变得君不像君、臣不像臣、父不像父、子不像子，名、实已经严重不符。在这样的时代氛围下，曹操甚至敢于公然下令推举"不仁不孝而有治国用兵之术"的人，也就不难理解了。

"苍天已死、黄天当立"，其实早在黄巾起义的口号中已经预示着，面对纷乱局面，时代呼唤着新的思想以重建政教秩序。现实世界混乱分裂，提倡"天不变，道亦不变"的汉儒经学传统遭遇困境。究竟什么是天道，天道会否以及如何变化，人事又如何应变？既然董仲舒及汉儒那一套已成问题，那么就需要重新阐释和构筑新的哲学基础。

---

[1] 钱穆《论语新解》，九州出版社 2011 年版，第 306 页。

[2] 钱穆《论语新解》，九州出版社 2011 年版，第 293 页。

因此，在儒家常所回避的"性与天道"[1]的终极性本原问题上，这一时期新的思想正在蓬勃生长，思想领域一片繁荣。荀粲、何晏、王弼，从儒家所关注的社会秩序和人为规则往深处自觉推进了一步，开始重新探讨这些秩序与规则得以成立的依据，他们引入了道家思想中的"道"与"自然"，补益儒学之不足。"玄学"的时代到来了。

· "越名教而任自然"

"名教与自然"的关系是魏晋玄学的核心问题，其实质在于思虑政教秩序的合理性基础问题，或者说论证伦理纲常、礼法秩序的来源问题。何晏、王弼等首开风气，认为"名教本于自然"，提倡回归自然天性与天道、崇本息末，才能去除流弊、重构名教秩序。

沿着这条道路，竹林七贤中的精神领袖嵇康，则进一步提出了"越名教而任自然"[2]这一具有划时代意义的口号。这一口号具有强烈的社会批判意识，既是一般地对当时的名教乱象与扭曲流弊而表达出的不满，要求返璞归真，也是直接地针对司马氏政权利用名教网罗名士、压迫异己而作出的反抗，充满着洒脱自由的精神。因此，我们看到竹林七贤所表现的放诞不羁的言行时，切不可脱离其时代背景与精神困境而架空议论。

例如，竹林七贤中的另一位名士阮籍，以大量的行为亲身实践了"越名教而任自然"：

> 阮籍遭母丧，在晋文王坐，进酒肉。司隶何曾亦在坐，曰："明公方以孝治天下，而阮籍以重丧，显于公坐饮酒食肉，宜流之海外，以正风教。"文王曰："嗣宗毁顿如此，君不能共忧之，何谓？且有疾而饮酒食肉，固丧礼也。"籍饮啖不辍，神色自若。（《世说新语·任诞2》）

阮籍在他母亲去世后的丧期，按礼，不能喝酒吃肉，不能歌舞作乐，不

---

[1]《论语·公冶长》："子贡曰：'夫子之文章，可得而闻也。夫子之言性与天道，不可得而闻也。'"钱穆《论语新解》，九州出版社2011年版，第112页。

[2]语出嵇康《释私论》，收入嵇康著、戴明扬点校《嵇康集校注》，中华书局2014年版，第402页。

能访友做客，等等。但阮籍却对这套礼不管不顾，去到司马昭的宴席上大口吃肉，大碗喝酒。看到阮籍这样违背礼制的放肆行为，司隶何曾要求将他"流之海外，以正风教"。何曾在当时以孝著称，而司马氏也是号称"以孝治天下"的，正好臭味相投。阮籍的行为，正是对"孝"的挑战，何曾则看起来一副礼法君子形象。但是，作为曹魏的司隶，他却依附于司马昭，帮助司马昭篡夺政权，行不"忠"之事，又有何"风教"可言呢？何曾与司马昭对阮籍的行为展开着讨论，而作为谈论焦点的当事人阮籍，却仿佛置身事外，"饮啖不辍，神色自若"。可见，阮籍在母亲丧期违背礼法行事，正是借"越名教"来表达对所谓礼法之士的鄙夷。

阮籍甚至还喊出了"礼岂为我辈设"这同样惊世骇俗的口号：

> 阮籍嫂尝还家，籍见与别。或讥之，籍曰："礼岂为我辈设也？"（《世说新语·任诞7》）

起因是阮籍的嫂子要暂时离开婆家，回娘家看望父母。出于最自然的亲情，阮籍与嫂子见面告别。可有人却因此而讥讽他不守礼法。什么礼法呢？《礼记·曲礼》记载："嫂叔不通问。"本意是指嫂子和小叔子之间，为了避免嫌疑，不能有过于殷勤的问候、关心。但在执行过程中，由于界限不好把握，容易简化成一刀切——叔嫂之间不能问候，因此像阮籍这样与嫂子正常的见面告别，也被视为违背礼制。对于已经严重不近人情的"礼"，阮籍口出狂言："礼不是为我这样的人所设的！"我辈为君子，坦坦荡荡，不必用为防小人而设置的礼来约束我。阮籍放诞行为的背后，正是其内心的磊落与淳至，体现着对名教流弊的不满。

阮籍的"放诞"还体现在喝酒上：

> 步兵校尉缺，厨中有贮酒数百斛，阮籍乃求为步兵校尉。（《世说新语·任诞5》）

我们已经知道，阮籍是不与司马氏合作的，因而也是不愿意出来做官的，但有一次他却主动求官。他求的官名叫步兵校尉，正因为他做了这个官，后来人们就都称呼他作"阮步兵"。而他之所以做这个官，是因为步兵校尉官衙的厨房里藏了美酒数百斛。阮籍被这酒吸引得出来做了官。

七贤中的另一位刘伶同样嗜酒如命：

> 刘伶恒纵酒放达，或脱衣裸形在屋中。人见讥之，伶曰："我以天地为栋宇，屋室为裈衣，诸君何为入我裈中？"（《世说新语·任诞6》）

刘伶在家喝了酒，连衣服都不穿，有人到他家正好撞见，因而讥讽责备于他。他却说，天地就是我的房子，屋室就是我的衣裤，你怎么跑到我的裤子里来了呢？

刘伶还写过一篇名文《酒德颂》，在这篇文章里，他自诩为"大人先生"，"以天地为一朝，万期为须臾，日月为扃牖，八荒为庭衢。行无辙迹，居无室庐，幕天席地，纵意所如。"实际上，刘伶并不是一个"大人先生"的形象，他个子很矮，身长六尺，大约今天的一米四几。可他却认为整个天地似乎都装不下他。这样的"大人先生"，自然不是肉体上的刘伶，而是精神上的他。而如何才能让自己遗弃渺小的肉身，达到精神上的"大人先生"境界呢？喝酒。酒可以帮助人忘记俗世，忘记现实中自己所受到的种种限制，从而形神不复分裂，精神得以无限扩张。

钱锺书先生曾说："晋人习尚未始萌发于老、庄，而老、庄确曾滋成其习尚。"[1]那么老庄思想是如何滋成喝酒习尚的呢？

> 南海之帝为儵，北海之帝为忽，中央之帝为浑沌。儵与忽时相与遇于浑沌之地，浑沌待之甚善。儵与忽谋报浑沌之德，曰："人皆有七窍，以视听食息，此独无有，尝试凿之。"日凿一窍，七日而浑沌死。[2]（《庄子·应帝王》）

南海之帝儵和北海之帝忽，受到了中央之帝浑沌的款待，想要报答浑沌。两人筹划说，人有七窍，所以能视、听、食、息，能看到美景，听到美乐，

---

[1] 钱锺书《管锥编（三）》，中华书局1986年版，第1128页。

[2] 方勇译注《庄子》，中华书局2015年版，第132页。

尝到美食，呼吸到各种气味，而浑沌浑然一体，自然没有这七窍，也就错过了好多精彩，不如给他凿出七窍，作为对他的报答。于是两人每天给浑沌凿一窍，"七日而浑沌死"。人有了七窍，是多了很多来自外界的精彩，可外物越多，对生命本真的违背、戕害就越多。只有回归自身，回到那个形神浑然一体的本真状态，才是可取的。《老子》也说："俗人昭昭，我独昏昏。"[1]俗人看似清醒而聪明，实则舍本逐末，甚至由于过于算计而污浊不堪。魏晋名士通过喝酒，正是要达到老庄所推崇的浑沌状态，在酒中回归自然天性，让情感释放，也让个性张扬，让精神自由。

因此，当儒家独尊的局面已然被打破，道家注重自然之本性，崇尚自由之精神，成为魏晋之际重要的思想潮流，它是重构礼法和进行社会批判的思想依托。同时，在这一返璞归真的思想潮流中，个体的情感、意志也达到了前所未有的展现。《世说新语》中所津津乐道的名士个性风度，往往正是人们所着意的方面。在此基础上，文学创作、艺术创造，及其背后的审美追求，也随之展现新气象，得到蓬勃发展。

第三节　儒道会通与器量之大小

如前所述，名教与自然本来并非势不两立，围绕两者关系的思虑实质上是要解决政教秩序的合理性问题，或者说旨在为能过回归自然本性的方式而重构秩序，因此总体而言是一个"儒道会通"的思想史现象。尤其竹林七贤生活于魏晋之际，当时，司马氏及其拥护者已完全抛开君臣之义，行不忠不义之举，却打起"以孝治天下"的幌子。曾经神圣的名教已然成为权力斗争的手段。嵇康、阮籍等人正是希望通过打破旧的扭曲的"名教"，回归自然，

---

[1] 陈鼓应《老子注译及评介》第二十章，中华书局1984年版，第140页。

再重新建立起符合自然、能保证社会有序运转的新的秩序。实际上，这恰是对已然堕落的"名教"的一种挽救。鲁迅先生就认为"他们的本心，恐怕倒是相信礼教，当作宝贝"[1]，是儒家思想的真正信奉者。

在嵇、阮之外，更多名士则鲜明地会通儒道，他们没有采取上述曲折批判的方式、超脱不羁的态度，而是在勉力维持世俗秩序的同时，去追求精神的自由与超越。竹林七贤核心人物的第三位山涛，即是这样的代表。

在嵇康《与山巨源绝交书》这一著名文章中，山涛看起来站在嵇康等人的对立面，为司马氏做官，甚至还要劝好朋友嵇康也出来做官，显得追名逐利、同流合污，缺乏气节。人们常常借此文论说二人品格。但既如此，嵇康赴死时为何还将儿子嵇绍托付给山涛，山涛又有什么资格跟嵇康、阮籍并列为七贤核心呢？这个问题，山涛身边最亲近的人——他的妻子也问过：

> 山公与嵇、阮一面，契若金兰。山妻韩氏觉公与二人异于常交，问公，公曰："我当年可以为友者，唯此二生耳。"妻曰："负羁之妻亦亲观狐、赵，意欲窥之，可乎？"他日，二人来，妻劝公止之宿，具酒肉。夜穿墉以视之，达旦忘反。公入曰："二人何如？"妻曰："君才致殊不如，正当以识度相友耳。"公曰："伊辈亦常以我度为胜。"　（《世说新语·贤媛11》）

山涛和嵇康、阮籍一见如故，很快就成了最好的朋友。他的妻子韩氏也觉察到丈夫与这两个人的交情非同一般，因而提出自己要为丈夫参谋参谋，判断这两个朋友是否值得交。当时政治环境复杂，人人自危，万一交友不慎，就可能受到牵连。魏晋时期的女性，特别重视自己作为一个独立个体而不是男性的依附者的价值。她以负羁之妻——历史上一位凭借慧眼识人而帮丈夫出谋划策的女性为理据，来论证自己的要求是合理的。于是山涛邀请嵇、阮到家相聚，晚上三人把酒言欢，韩氏借机偷偷观察。观察的结果是，山涛与嵇、阮比起来，"才致殊不如"；但山涛度量大，凭借这一点来跟他们交朋友，还是差不多可以平起平坐的了。

---

[1] 鲁迅《魏晋风度及文章与药及酒之关系》，收入骆玉明、肖能选编《魏晋风度二十讲》，华夏出版社2009年版，第194页。

竹林七贤还有一位王戎，也曾评价山涛非常有器量：

王戎目山巨源："如璞玉浑金，人皆钦其宝，莫知名其器。"（《世说新语·赏誉10》）

王戎认为山涛像未经雕琢的玉、未经提炼的金，甚至还混着杂质在里面，大家都知道那是个宝贝，可却不知道怎么称呼它，因为它还没有被塑造成某一个形态的器。

未被塑造成某个器，与度量有什么关系呢？可以参考这样一条记载：

郭林宗至汝南，造袁奉高，车不停轨，鸾不辍轭；诣黄叔度，乃弥日信宿。人问其故，林宗曰："叔度汪汪如万顷之陂，澄之不清，扰之不浊。其器深广，难测量也。"（《世说新语·德行3》）

郭泰，字林宗，东汉后期名士，他博学多才、行为正直，为世人所景仰，还善于识别和举荐人才。他到了汝南，自然要去拜访当地贤达。而在拜访袁奉高和黄叔度两位贤人时，他的态度截然不同。有人对他的态度表示奇怪，郭泰回答说，我之所以这么器重黄叔度，是因为他像万顷的池塘一样，汪洋浩瀚，"澄之不清，扰之不浊"，无法通过外力去改变它的清浊，他的器是如此深广，难以测量。而袁奉高，据刘孝标注引《郭泰别传》记载，郭泰将其器量比喻成刚从石头里冒出来的泉水，虽然特别的清澈，可是量小，一捧就捧完了，与黄叔度的器量形成了鲜明的对比。

由此可以看到，器的大小，决定了量的大小。小器则小量，大器则大量。而山涛作为"璞玉浑金"的未成之器，则是无量之量：

山司徒前后选，殆周遍百官，举无失才，凡所题目，皆如其言。唯用陆亮，是诏所用，与公意异，争之，不从。亮亦寻为贿败。（《世说新语·政事7》）

在这条记载中，山涛担任选拔人才的官员，"周遍百官，举无失才"。

由此可以知道，他举荐嵇康，也是因为他认为嵇康的才华能力适合那个工作。山涛唯一用错了的人，陆亮，"是诏所用"，"争之，不从"，后来果然出事了，更加印证了山涛的识人之明。

《世说新语》还记载：

晋武帝每饷山涛恒少，谢太傅以问子弟，车骑答曰："当由欲者不多，而使与者忘少。"（《世说新语·言语78》）

山涛做官的俸禄总是很少，东晋谢安以此为问题考察子弟。谢玄的回答被视为高妙的解释：山涛的清心寡欲，让晋武帝忘记了给得少这件事。

归根结底，儒道会通不止是批判超脱、"越名教而任自然"这样一条唯一路径，身处乱世的山涛没有像嵇康、阮籍那样激烈地去扯下假仁假义的遮羞布，而是如儒家一贯所主张的那样，在一个重要的职位上尽心尽力把事情做好，在乱世中做点"实事"。他这种消除偏执、打破成规的行为，恰又符合道家的精神特征。

在竹林七贤之后，沿着山涛所走的道路，两晋名士重视"兼尊显之达官与清高之名士于一身"，"既享朝端之富贵，仍存林下之风流"，[1]也可说在某种程度上是一种玄学会通儒道的重要表现。

第四节　文化交流与文明的传承更新

中华文明自史前时代以来，就已形成多元一体的特征。所谓多元，既指起源的多元，又包含文明发展过程中不断吸纳融合新的文化。所谓一体，既

---

[1]陈寅恪《陶渊明之思想与清谈之关系》，收入刘梦溪主编《中国现代学术经典·陈寅恪卷》，河北教育出版社 2000 年版，第 585 页。

指中原中心的形成，又包含文明发展过程中通过吸纳融合而不断自我丰富。

如前文已述，魏晋南北朝是在大一统之后的第一次大分裂，也是第一次大的民族交融。就南北方向而言，原先不属于华夏的北方民族入主中原，与留在中原的汉族杂居；原先主要居住在中原的汉族第一次大规模南迁，与南方汉族和少数民族杂居。这样的分布面貌自然会带来文明的交融，新的多元文化融入一体。

· 胡床与羊酪

文化的交流首先是物质层次的。从东汉开始，游牧民族内迁，将其物质文明带入中原地区，进而影响南方地区。同样，中原及南方的物产，也通过交流成为北方民族的习用之物。在汉文献中记载较多的，是北方少数民族的生活用具和生活习惯逐渐影响到汉族，例如胡床、胡饼、胡饭、羌煮等，均是这段时期进入内地的北方物产。

胡床又称交椅，有凳子和椅子两种形式，交叉的腿方便收纳携带，是北方民族在游牧中必备的用具。而汉人本是跪坐，只需要垫席，不需要凳子椅子。但胡床传入后，逐渐在汉人中得到接受和普及。

元帝正会，引王丞相登御床，王公固辞，中宗引之弥苦。王公曰："使太阳与万物同辉，臣下何以瞻仰？"（《世说新语·宠礼1》）

东晋元帝司马睿登基大典，因他自认为政权的建立完全仰仗王导的辅佐，没有王导就没有他的皇位，因此他邀请王导和他一起"登御床"，这里的"御床"就是龙椅。胡床在后世持续得到普及，及至宋朝，基本完全取代了跪坐的垫席，成为中国人普遍使用的基本家具。

食物的传播也是大宗。《世说新语》有这样的记载：

陆机诣王武子，武子前置数斛羊酪，指以示陆曰："卿江东何以敌此？"陆云："有千里莼羹，但未下盐豉耳。"（《世说新语·言语26》）

中原士人王武子向江南士族陆机炫耀羊酪的美味，可知羊酪这种乳制品已经由北方游牧民族传入了中原，并被视为中原本地特产。而陆机以未下盐豉的莼羹相敌，想来这种江南美食也将很快被中原引入。在稍后的东晋，羊酪又被南迁的中原士族带到了江东，进一步扩大了它的受众。

· 王导讲吴语

文化交流进一步深化，拓展到精神层次，体现在语言、思想、艺术等多个方面。

语言方面，南北方少数民族从汉语借词自不待言，南北语言借入汉语雅言者亦不鲜见：

> 刘真长始见王丞相，时盛暑之月，丞相以腹熨弹棋局，曰："何乃淘？"刘既出，人问："见王公云何？"刘曰："未见他异，唯闻作吴语耳。"（《世说新语·排调13》）

前文已经谈到，永嘉南渡后，王导辅佐琅邪王司马睿建立东晋政权，成为东晋第一任丞相。司马睿当时只是一个普通诸侯王，号召力不强，能在江南站稳脚跟并当上皇帝，王导功不可没。王导具备较高的政治才能和智慧，尤其善于团结南方本地大族，建立统一战线。《世说新语》的这条记载就体现了他团结吴人的办法之一——讲吴语。"淘"表示冰凉的意思，是吴地方言。王导经常周旋于吴人之间，不仅跟吴人讲吴语，自己的语言习惯也不知不觉受到了改变，就连跟同是北人南迁的刘真长说话，也不自觉地用起了吴语。语言和文化，往往就是这样不知不觉地相互影响，逐渐改变。

· 支道林援佛入道

思想方面，自东汉以来，佛教通过西域逐渐传入中原，并在魏晋南北朝时期迅速发展起来。仅从《世说新语》所载，已能窥其一斑：

庄子《逍遥篇》，旧是难处，诸名贤所可钻味，而不能拔理于郭、向之外。支道林在白马寺中，将冯太常共语，因及《逍遥》。支卓然标新理于二家之表，立异义于众贤之外，皆是诸名贤寻味之所不得。后遂用支理。（《世说新语·文学32》）

竹林七贤时，玄学的关注点从《老子》转向了《庄子》，七贤之一的向秀及其后的郭象在注解《庄子》"逍遥"的含义时，采取了援儒释道的方式，认为大鹏、尺鷃虽有大小之别，但都是循着自己的天分、天性去生活，因而都可以是逍遥的。他们的解释得到了时贤的一致认可。然而到了东晋，高僧支道林却"标新立异"，重新解释"逍遥"，获得了更大更长久的认可。《世说新语》原文没有涉及支道林的具体解释，而在刘孝标注中得到了补充：

支氏《逍遥论》曰："夫逍遥者，明至人之心也。庄生建言大道，而寄指鹏鷃。鹏以营生之路旷，故失适于体外；鷃以在近而笑远，有矜伐于心内。至人乘天正而高兴，游无穷于放浪。物物而不物于物，则遥然不我得；玄感不为，不疾而速，则逍然靡不适。此所以为逍遥也。"（《世说新语·文学32》刘孝标注）

支道林所言的"至人"，尽管来自于《逍遥游》文本，但作为一名僧人，支道林其实是将"至人"视为佛陀，他对逍遥的解释，实际上用的是佛家的"空"观。大鹏、尺鷃心中有物，即有所待，则无所逍遥。至人内心空明，自然无待，因而逍遥。支道林用援佛入道的方式，将佛家义理与道家思想结合起来，这种方式被称为"格义"，是佛教早期在中国文化中得以落地与发展的重要途径之一。同时，也为玄学注入了新的内涵，最终形成融儒道佛三家于一体的玄学思想体系。

此外，在艺术方面，音乐、舞蹈、文学、绘画、石窟造像等艺术形式，都在东西南北多元文化的往来交流之中相互镜鉴，获得长足发展。

·世家大族以文传家

通过多元文化的交流，中华文明的丰富性进一步得到充实与更新。在文明的传承与更新中，士族是最为重要的力量。

魏晋士族自东汉发展而来，本就大都具有经学世家背景，一些后起士族则往往于"玄风"中顺势而起。文化，是获得和维持士族地位的重要条件，也是其引以为傲的资本。永嘉南渡之后，中原士族的大规模南迁使之失去了原先作为身份标志的地域、族群特征，只能牢牢抓住文化这最后的资本，作为其最重要的身份认同。因此，为巩固其身份，士族进一步强化了文化的家族传承：

谢太傅寒雪日内集，与儿女讲论文义。俄而雪骤，公欣然曰："白雪纷纷何所似？"兄子胡儿曰："撒盐空中差可拟。"兄女曰："未若柳絮因风起。"公大笑乐。即公大兄无奕女，左将军王凝之妻也。（《世说新语·言语71》）

作为东晋中后期的一流门阀士族，陈郡谢氏不断涌现出文质彬彬的优秀子弟。谢道韫因一句"未若柳絮因风起"而被千古传颂。其杰出的才华正是植根于故事中所呈现的谢家浓厚的文化氛围。谢安召集子侄们"讲论文义"应是常有的事，《世说新语》中就有数处记载，谢家子弟长期浸润在这样的环境之中，自然生长出卓越的文化才能。

除谢道韫外，叔父辈的谢安与谢万，不仅在政治军事上卓有成就，同时又都是当时著名的文学家。在名耀千古的兰亭集会中，名士们纷纷饮酒赋诗，共得诗三十七首，而夺冠的就是谢万所作的两首《兰亭诗》。谢安的孙子谢混，被誉为"江左第一风华"，他的诗句"景昃鸣禽集，水木湛清华"（《游西池》）流芳千古。再往下一代，谢道韫弟弟谢玄的孙子，才高八斗的谢灵运，就是公认的山水诗鼻祖了，他的"野旷沙岸净，天高秋月明"（《初去郡》），"池塘生春草，园柳变鸣禽"（《登池上楼》）等，都是脍炙人口的写景名句。谢灵运的侄子，再下一代的谢朓，也是山水诗代表人物，李白就经常提起他：

"蓬莱文章建安骨，中间小谢又清发"（《宣州谢朓楼饯别校书叔云》），这位"清发"的小谢，就是谢朓；李白"解道澄江净如练，令人长忆谢玄晖"（《金陵城西楼月下吟》），也是对谢朓"余霞散成绮，澄江静如练"（谢朓《晚登三山还望京邑》）妙句的赞叹。

除了文学传家的谢氏，还有以王羲之、王献之为代表的书法世家琅邪王氏，以陆机、陆云等文学家为代表的吴郡陆氏，以画家顾恺之为代表的晋陵顾氏，以经学家范甯、史学家范晔为代表的顺阳范氏，等等。

可以看到，世家大族以文传家，在哲学、经学、文学、艺术等方面取得了傲人的成就，甚至奠定了此后中国文学艺术的根基与趋向。也正是有赖于此，在政权分崩离析、几乎无暇顾及文化传承的情况下，中华文明顽强地延续下来。

结语

《世说新语》所反映的魏晋南北朝，不啻中国历史上极混乱、极黑暗的时代。天下分崩离析，中华文明面临危机并开始探索重建的命运，乱世中"名士"们尽显风流，越名教而任自然、儒道会通、交融传承，思想自由发展、文化交流碰撞，在黑暗中绽放出绚烂的光彩。名士风流终隐入历史烟尘，门阀士族也被历史所抛弃，只有不断更新与丰富着的中华文明，在国家再度统一之时，重新焕发出新的生命力，为追求圆融的唐宋文化积蓄和奠定了深厚的基础。

【必读建议】
《世说新语·任诞》《世说新语·言语》《世说新语·文学》

【选读建议】

《世说新语·雅量》《世说新语·赏誉》《世说新语·德行》《世说新语·贤媛》《世说新语·巧艺》

【思考题】

1.阅读鲁迅《魏晋风度及文章与药及酒之关系》，谈谈你对魏晋风度的认识。

2.鲁迅先生在《魏晋风度及文章与药及酒之关系》中认为，"魏晋时代，崇尚礼教的看来似乎很不错，而实在是毁坏礼教，不信礼教的。表面上毁坏礼教者，实则倒是承认礼教，太相信礼教。"根据你的学习，你是否认为嵇康等七贤是"承认礼教，太相信礼教"？说说你的理由。

3.查找资料，并结合《世说新语》，谈谈在民族融合加强的魏晋南北朝，有哪些来自于北方少数民族的新事物、新制度、新的语言表达？它们给中国历史和人们的生活带来了怎样的影响？

4.结合《世说新语》，谈谈在中华文明传承中，魏晋士族起到了怎样的作用？

【扩展阅读】

关于《世说新语》的进一步精读，可参考复旦大学骆玉明教授的《世说新语精读》（复旦大学出版社，2007），该书以专题形式剖析《世说新语》及魏晋社会政治与思想文化，见解深刻，可读性强，本章在撰写中也颇受其启发。

魏晋风度内涵丰富，本章可谓是挂一漏万。欲全面了解魏晋风度，可参看《魏晋风度二十讲》（华夏出版社，2009）。该书网罗了近几十年来魏晋风度研究的精华，将冯友兰、李泽厚等学者的二十篇文章集结在一起，从不同侧面共同构筑了魏晋风度的立体形象。

魏晋玄学思想是了解魏晋时代风气、名士言行风度的重要基础。本章所涉名教与自然之争仅是其中一隅。已故中国社会科学院研究员余敦康的《魏

晋玄学史》（北京大学出版社，2015）是全面论述魏晋玄学的一部很好的入门读物，在明晰的框架、精微的考论中，再现了多元思潮融会激荡、蓬勃发展的魏晋思想面貌。

对魏晋社会的门阀士族的研究可谓汗牛充栋，其中，已故北京大学田余庆教授的《东晋门阀政治》（北京大学出版社，2012）尽管有一定的阅读难度，但却是该领域不可绕过的经典之作。

《唐律疏议》

　　《世说新语》为我们展现了一个分裂战乱的时代。在这个长达 400 余年的时代中，各种文化要素进行了充分的融合，最终形成了新的文明繁荣形态，即隋唐"大一统"王朝。《唐律疏议》作为目前我国传世时间最早的一部完整法典，是研究隋唐历史及中国古代法制的必读书，其中的基本观念、制度规定及其宏大完善的体系，都闪现着一个"大一统"强盛王朝的文明光辉。此外，《唐律疏议》被称为"一准乎礼"，是礼法结合的典范，这种礼法的交融不是一蹴而就的，它是从秦汉到唐朝经历的"法律儒家化"的结果，也深深地影响了唐以后乃至东亚的法律制定与司法活动。我们可以借此了解中华"法统"及其发展，并从制度的角度审视文明的自我更新及其成果。

关键词： 盛唐、制度文明、法律儒家化、丧服制度

第五章
文明的制度与法典

　　中华法律文化源远流长，在上古时期的甲骨、金文以及《尚书》《周礼》等典籍中就有很多法律的内容。现在一般将中国成文法的历史上溯至战国时期魏文侯的老师里悝订立的《法经》六篇。其基本的立法逻辑是：所有的犯罪，以《盗》《贼》二律最为紧急迫切。然后盗贼需要劾捕，故而有了《囚》《捕》二律。再次，其他罪行用《杂律》来概括。最后有专门关于量刑加减的规则，是为《具律》。从中可见，《法经》已经具备了相当高的立法水平了。

　　《法经》之后是《秦律》。《秦律》分为统一前与统一后两个阶段，统一前有商鞅变法，制定《秦律》"增相坐之法，造参夷之诛"。统一后的《秦律》目前有大量的简牍出土，如《云梦睡虎地秦简》等。基本保留了《法经》六篇之目，同时还增加了不少"事律"，即行政制度及罚则，如《田律》《仓律》《厩律》《关市律》等。汉承秦制，萧何选用《秦律》之宜于时者，作《九章律》，除此之外，还有很多庞杂的律、令、科，等等。到了曹魏时期，就把这些庞杂的律、令、科等统一到正律中，并删繁就简。

　　到了晋代，统治者认为之前的汉魏律未能体现儒家思想，故而进行了删革，在晋武帝泰始三年（公元 267 年）制定了《泰始律》。其中最大的变化是"准五服论罪"。其基本思路就是在法律中考虑人伦因素：不是简单地将人视为原子个人，而是结合人与人的亲疏远近来判案。亲疏远近的标准是丧服制度。所谓丧服制度，是指在人去世的时候，亲人为死者穿戴丧服，越是亲近的人，丧服就越粗糙、服丧的时间就越长、丧服等级就越重。笼统而言，丧服共有

五个等级：斩衰、齐衰、大功、小功、缌麻。丧服本身只是在丧礼中的穿戴而已，但由此划定的亲属等级，却可作为定罪时候判定轻重的依据。比如，同样是殴打尊长，丧服越重，则量刑越重。这就是按照五服来定罪，显然儒家的观念已加到法律中来了。

南北朝的法律基本是在《泰始律》的基础上做一些调整，这些调整的集大成者是隋文帝开皇三年制定的《开皇律》。《唐律》之制定就是以《开皇律》作为蓝本，篇数、篇目次第都相同。

《唐律》的形成，既有历代在制度及治理经验上的探索与累积，也有法典的不断继承、汇总和优化，以及立法精神与原则的不断完善；它作为在唐代定型和颁布的法典，体现隋唐的时代精神和风貌，也体现了中华法律传统的源流、发展和特质。

第一节　典分"律"与"疏"

·《唐律》与《疏议》

作为传世法典,《唐律疏议》的文本可内在地为两个部分,一为《唐律》,一为《疏议》。这体现在其正文中,也就分为"律"文与"疏"文两部分。

《唐律》,顾名思义是指律文或者说律条的部分,现行本《唐律》共三十卷五百○二条律条。《唐律》经历了一个不断修订的过程,其中最重要的节点是:

（1）唐高祖武德年间发端,选择隋《开皇律》作为蓝本,制定出《武德律》。

（2）唐太宗贞观年间奠定《唐律》的基础,以"宽简、平允"的原则全面检讨《武德律》,制定出了《贞观律》。之后进行了一系列的修订。

（3）唐玄宗开元年间总其成。开元七年、开元二十五年进行了两次修订,具有总结《唐律》之性质。

《疏议》则是用来解释《唐律》的,具体而言它是对律文的解释、对律意的疏通;由于这种解释来自于官方,因此它与唐律律条本身具有相同的法律效力。疏、议可分而言之:"疏"字就好比是儒家经典中"注疏"对于"经传"的解释一样;"议"字表明,这种司法解释采取了议论的方式阐明立法本意。

《疏议》本身也经历了不断修订完善的过程,基本与《唐律》的修订同步。具体来说也有几个关键的时间节点:

（1）《疏议》发端于唐高宗永徽三年（公元652年）,高宗命长孙无忌等人撰写《永徽律疏》。之后又不断地修订。

（2）至唐玄宗开元二十五年,对于之前的《疏议》进行了大幅修订,制定了《开元律疏》,成为《疏议》的定本。

·律、疏示例

为便于理解，我们选取"十恶"中的"谋反"条，来具体看看《疏议》对于《唐律》的解释。

一曰谋反。谓谋危社稷。

【疏】议曰：案《公羊传》云："君亲无将，将而必诛。"谓将有逆心，而害于君父者，则必诛之。《左传》云："天反时为灾，人反德为乱。"然王者居宸极之至尊，奉上天之宝命，同二仪之覆载，作兆庶之父母。为子为臣，惟忠惟孝。乃敢包藏凶慝，将起逆心，规反天常，悖逆人理，故曰"谋反"。

注：谓谋危社稷。

【疏】议曰：社为五土之神，稷为田正也，所以神地道，主司啬。君为神主，食乃人天，主泰即神安，神宁实时稔。臣下将图逆节，而有无君之心，君位若危，神将安恃。不敢指斥尊号，故托云"社稷"。《周礼》云"左祖右社"，人君所尊也。

在此，《疏议》对于《唐律》是分科段进行解释的，解释修辞所指的对象，又将立法的本意做了详细的阐释。具体来说：

第一，《唐律》本身有正文和注释，其中"一曰谋反"是正文，"谓谋危社稷"是注释。《疏议》就对这两个部分分别进行了解释。

第二，所谓的"谋危社稷"是一个修辞的说法，具体所指不明，因此《疏议》解释道："社稷"指的是国君，因为不敢直接讲出尊号，故而"托云社稷"。

第三，解释立法的精神。为何可以用社稷来指代国君呢？因为古人讲究天人合一，天子是天之子、神之主，侵犯天子就是侵犯了社稷之神，故而是极端恶劣的犯罪行为。

第四，明确罪行之认定，即只要有犯罪之动机，而不需要实施具体行为，就可以定为谋反罪，并引用《公羊传》"君亲无将"来说明这一点。

·《唐律》的架构

《唐律》总体的架构分为四大部分：第一是总则部分，即所有罪名都适用的普遍规则，也就是"名例"。第二大类是"事律"，即行政制度及其处罚。第三大类是"罪律"，即各种刑事犯罪的处罚。第四大类是"断狱"，即司法审判中的各种制度，包括了监禁、审讯、判决、执行等。

由上可知，《唐律》的结构是由总则至分罪，再到司法审判制度，其立法体系已经具备了相当高的水准。

第二节　"一准乎礼"：贵贱与尊卑

《唐律》被《四库全书总目》评价为"一准乎礼"，这可以说是其最主要的精神。

礼制的内涵是"主敬"，其外在体现则是要维持"差异格局"，包括不同阶层间的贵贱差异，以及家族内部的尊卑差异。贵贱差异又称为"等级制"，尊卑差异又称为"家族制"，礼别贵贱与尊卑，两者是《唐律》遵循的基本原则。

现代人认同"人人生而平等"的理念，对等级制、家族制这种东西可能直接就会出现生理上的反感。平等的理念当然是进步的，但是进步的观念是在对旧观念的扬弃中产生，所以我们有必要对旧观念做历史的考察。

· 等级制

等级制指的是贵贱差异。《唐律》中将人分为四个等级：皇家；贵族与官僚；平民；贱民。

这种等级制的一个特征体现在对尊贵等级的维护上面。其中皇家是至高无上的，对于皇家的犯罪大多被归入到了"十恶"的范畴，如"谋反""谋大逆""谋叛""大不敬"等。贵族与官僚是广义的统治阶层，故而在法律上也有诸多的优待。比如有"官当"的制度，即对流罪以下，可以以官抵罪；

又有"例减"的制度，即对流罪以下，七品以上的官员可以例减一等。此外，五品以上官员犯"十恶"之外的死罪，须上请皇帝。以及还有"八议"等制度，处处体现了对官员的维护。

等级制的另外一个重要特征，是在立法与司法中严格区分平民与贱民。其中贱民包括官贱与私贱，官贱隶属于官府，私贱则是私人的奴仆。在官私贱民中，又分了等级。官贱有三等：官奴婢最低，往上依次是官户、工乐户，地位最高的是杂户和太常音声人；私贱有两等：奴婢最低，部曲地位略高。

如此严格区分之后，《唐律》针对良贱则有了不同的规定，例如贱民不得应考出仕；就算同为贱民，但不同等级的贱民之间也不能通婚，只能"当色为婚"。此外，对于良贱相犯，《唐律》在量刑上也会区别对待，总体来说，良人犯贱民，比良人相犯要轻，而且所犯的贱民等级越低，则处罚越轻。反过来，贱人犯良人，则处罚要比良人相犯要重，犯罪者的等级越低，则论罪越重。

· 家族制

家族制指的是尊卑差异。《唐律》的家族制有两个特点：一是区分尊长与卑幼，这是比较容易的，因为有天然的辈分作为划分的依据。二是区分亲疏远近，同姓亲属与姻亲等，是比较复杂的，主要是依靠丧服制度作为判分的依据。如前所述，所谓丧服制度，是指在人去世的时候，亲人为死者穿戴丧服，越是亲近的人，丧服就越粗糙、服丧的时间就越长、丧服等级就越重。丧服制度从重到轻分为五等：斩衰（三年）、齐衰（三年、一年、五月、三月）、大功（九月）、小功（七月）、缌麻（三月），缌麻之外还有所谓的"袒免"服。各级丧服对应的亲属，详见下图[1]。

在这个图中，以自己作为原点，先区分内亲与外亲，内亲是同姓之亲，外亲是异姓之亲。在内亲中又区分了直系亲属与旁系亲属，区分了尊长与卑幼。

---

[1] 此图出自刘俊文著，《唐律疏议笺解》，中华书局 1996 年版，第 50 页。

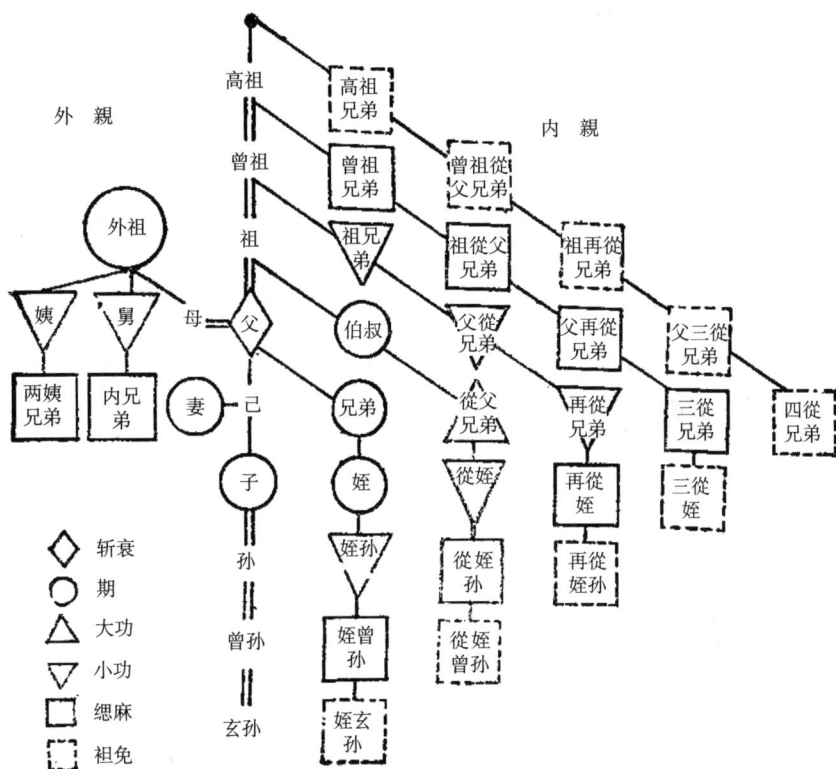

在内亲直系尊亲中，大体来说父母为一等，为父亲服斩衰三年，为母亲服齐衰三年。祖父母为第二等，服齐衰一年。曾祖第三等，唐制服齐衰五月。高祖为第四等，服齐衰三月。直系卑幼中，为儿子服齐衰一年，为孙子服大功，为曾孙、玄孙服缌麻。内亲旁系亲属基本遵循这样一个原则，同父之旁亲服齐衰一年；同祖之旁亲服大功（其中伯叔父母是特例，服齐衰一年）；同曾祖之旁亲服小功；同高祖之旁亲服缌麻。同高祖之父的旁亲，属于"袒免亲"，不能算严格意义上的亲属，只能算是"同姓"。

再来看外亲，从直观上讲，外亲的范围明显要小得多，这个就是礼制中对外亲的压制，体现了男尊女卑的思想。外亲分为母党与妻党，母党包括外祖父母、舅、姨以及舅之子、姨之子。妻党就只有妻之父母。此外，在加上姑之子，就是外亲之全部。其中外祖父母、舅、姨妈唐制服小功。其他所有外亲都服缌麻。

《唐律》的家族制，即以上述丧服制度作为亲疏远近的基础来进行定罪。主要的原则有两条：

（1）在人身犯罪上，卑幼侵犯尊长，论罪较凡人相犯要重，加重之等级与丧服制度一致。反过来，尊长侵犯卑幼，论罪就比凡人相犯要轻，并随着丧服之加重而不断地减轻。这条体现了优待尊长，维护纲常的特征。例如儿子打了父亲，比起打不认识的路人，前者罪更重。

（2）在财产犯罪上，双方亲属关系越近，处罚的力度越轻，与人身犯罪刚好相反，体现了亲属之间本有通财互助的义务。例如儿子偷父亲的财产，和偷远房伯父的财产，两者相较，则前者罪更轻。

第三节　法律的儒家化

"法律的儒家化"是指将体现法家思想的法律改造为体现儒家思想的法律。其中当然有个渐进的过程，而《唐律》"一准乎礼"，即是中国历史上"法律儒家化"的最终形态。这个过程非但在中国法制史上有重要的意义，在中华文明史上也有极其深远的影响，更关涉经义与法典的关系。

简而言之，法家的思想讲究"法不阿贵"，一切行为（除去最高统治者的行为）均由法来裁定，不夹杂任何伦理情感。而儒家思想则认为，伦理是政治、法律的基础，法条必须考虑伦常的因素。双方冲突的焦点就集中在是否能够容隐亲属之犯罪？法家认为不可容隐，而儒家则提倡"亲亲相隐"。秦汉时期的法律体现法家的思想，从董仲舒《春秋决狱》开始，试图用儒家经义改造汉律，最终到《唐律》完成容隐之制度化，下面我们来考察这个过程。

首先，秦律规定，亲属犯罪，不能容隐，反而鼓励互相告发。如《睡虎地秦墓竹简·法律答问》云：

夫有罪，妻先告，不收。妻媵（媵）臣妾、衣服当收不当？不当收。

由于秦代有连坐制度，丈夫犯罪，妻子当收为奴婢，但如果妻子告发丈夫，非但自己"不收"，而且连带陪嫁的财产也不被没收。又《岳麓书院藏秦简四》云：

父母、子、同产、夫妻或有罪而舍匿之其室及敝（蔽）匿之于外，皆以舍匿罪人律论之。

可见秦律中，夫妻、父子、同产（即兄弟）之间都不能容隐，无论藏匿在家或藏匿在外，都要以"舍匿罪人"论处。

同样，西汉初年的法律也鼓励亲属间互相告发，如《二年律令》云：

以城邑亭障反，降诸侯，及守乘城亭障，诸侯人来攻盗，不坚守而弃去之若降之，及谋反者，皆要（腰）斩。其父母、妻子、同产，无少长皆弃市。其坐谋反者，能偏（徧）捕，若先告吏，皆除坐者罪。

劫人、谋劫人求钱财，虽未得若未劫，皆磔之；罪其妻子，以为城旦舂。其妻子当坐者偏（徧）捕，若告吏，吏捕得之，皆除坐者罪。

第一条是谋反大罪，第二条是普通的抢劫罪，都连坐亲属。其中谋反罪株连父母、妻子、同产弃市。抢劫罪则株连妻子、子女为"城旦舂"。然而亲属若能告发，则可除罪。那么很显然，在西汉初年的《二年律令》中，没有亲属间容隐的制度。又据《汉书》记载，元朔五年，临汝侯灌贤"坐子伤人首匿，免"。则武帝时父首匿子仍不被允许。

然而这种鼓励亲属告发的制度显然是违背儒家伦理的。在儒家伦理中，治国、平天下的基础在于齐家，政治的根本在于人伦。而亲属间的相互告发会疏离骨肉，瓦解人伦，最终也会动摇政治的根基。故而西汉大儒董仲舒试图用经义来改造汉律，使法律融入儒家的元素，董氏《春秋决狱》云：

甲无子，拾道旁弃儿乙养之，以为子。及乙长，有罪杀人，以状语甲，甲藏匿乙。甲当何论？仲舒断曰：甲无子，振活养乙，虽非所生，谁与易之。《诗》云：螟蛉有子，蜾蠃负之。《春秋》之义，父为子隐。甲宜匿乙，诏不当坐。

甲收养了道旁弃儿乙，董仲舒首先根据《诗经》"螟蛉有子，蜾蠃负之"，认定养父养子关系与亲父子关系相同。又根据《春秋》大义"父为子隐"断定，乙杀人，甲藏匿乙，是无罪的。董氏引用的都是儒家的经典，涉及的也是个别的案例，"父为子隐"也仅仅是思想观念，似乎还是无条件的容隐，并没有落实为具体的制度，但这却是"法律儒家化"的开端。

亲属容隐到汉宣帝时期化为制度，地节四年诏书云：

父子之亲，夫妇之道，天性也。虽有患祸，犹蒙死而存之。诚爱结于心，仁厚之至也，岂能违之哉！自今子首匿父母，妻匿夫，孙匿大父母，皆勿坐。其父母匿子，夫匿妻，大父母匿孙，罪殊死，皆上请廷尉以闻。

汉宣帝这道诏书首次在制度上落实了亲属容隐的原则。幼卑对尊长的所有罪行都可以容隐，而尊长对幼卑的罪行，只有"殊死罪"才上请廷尉裁决，轻于殊死的罪行则可以直接容隐，不需上请。所谓"殊死罪"是特殊的重大死罪，如谋反、大逆不道等。

因此，汉宣帝地节四年诏书的内容，是将"父为子隐"观念制度化了，且做了一些细分。首先区分容隐的主体，即尊长容隐卑幼，和卑幼容隐卑幼是不同的，因为卑幼可以无条件容隐尊长，而尊长除了容隐卑幼外，还要追究失教之责。其次，区分罪行之轻重，轻罪可以无条件容隐，而对于"殊死罪"这种重罪，则要核查尊长是否有失教之责，再确定能否适用容隐条款。然而所谓的"尊长""卑幼"是比较模糊的概念，还是没有界定清楚。

到了《唐律》，则对亲属间的容隐做了更加细致化的规定，《唐律疏议·同居相为隐》条云：

诸同居，若大功以上亲及外祖父母、外孙，若孙之妇、夫之兄弟及兄弟妻，有罪相为隐。

【疏】议曰："同居"，谓同财共居，不限籍之同异，虽无服者，并是。"若大功以上亲"，各依本服。"外祖父母、外孙若孙之妇、夫之兄弟及兄弟妻"，服虽轻，论情重。故有罪者并相为隐，反报俱隐。此等外祖不及曾、高，外孙不及曾、玄也。

其小功以下相隐，减凡人三等。

【疏】议曰：小功、缌麻，假有死罪隐藏，据凡人唯减一等，小功、缌麻又减凡人三等，总减四等，犹徒二年。

若谋叛以上者，不用此律。

【疏】议曰：谓谋反、谋大逆、谋叛，此等三事，并不得相隐，故不用相隐之律，各从本条科断。

首先，《唐律》延续了亲属之间双向容隐的大原则，即《疏议》所说的"反报俱隐"，不再追求尊长的失教之责。

其次，引入了丧服制度来区分不同的容隐等级：先将亲属分为两大类，一为同居共财的亲属（不论有服无服），一为不同居的亲属；又将不同居的亲属分为大功以上和小功以下两个部分，其中外祖父母（小功亲）、外孙（缌麻亲）、庶孙妇（缌麻亲）、夫之兄弟及兄弟之妻（嫂叔无服，唐制加到小功），因为服轻而情重，也被视为大功以上之亲。容隐的规则是：同居共财的亲属，以及不同居的大功以上亲属相互容隐则无罪；不同居的小功以下亲属相互容隐，则减罪，较一般的隐匿罪减三等。这个规定细化了不同的容隐义务，以大功以上和小功以下作为分野，也契合亲疏远近的人情差异。

再次，《唐律》规定了"谋叛"以上的罪行，即"谋反""谋大逆""谋叛"，一律不得相隐。于是乎亲属容隐的制度就这么确定下来了，相应的"法律儒家化"也就定型了。

然而，儒法之间的争论，其实是人情与法律之间的博弈，汉唐之间有明显的差异：汉宣帝地节四年诏书，卑幼可以容隐尊长的"殊死罪"，尊长容隐卑幼的"殊死罪"可以上请廷尉；而《唐律》规定"谋叛"以上的罪行不得相隐，则《唐律》还是加强了国法的权威。那么"谋叛"以上的罪行具体有什么规定？我们就此来看"十恶"部分的内容。

第四节　"十恶"部分选读

《唐律》第六条列的是"十恶"。《疏议》首先解释了"十恶"罪名订立之缘由，以及历史的溯源。

【疏】议曰：五刑之中，十恶尤切，亏损名教，毁裂冠冕，特标篇首，以为明诫。其数甚恶者，事类有十，故称"十恶"。然汉制《九章》，虽并湮没，其"不道""不敬"之目见存，原夫厥初，盖起诸汉。案梁、陈已往，略有其条。周、齐虽具十条之名，而无"十恶"之目。开皇创制，始备此科，酌于旧章，数存于十。大业有造，复更刊除，十条之内，唯存其八。自武德以来，仍遵开皇，无所损益。

前述《唐律》的最大的特点是"一准乎礼"，此处可为又一印证：《疏议》认为，"十恶"之所以是最为恶劣的罪名，是因为侵犯了名教，所以在前五条列了笞、杖、徒、流、死五种刑罚后，讲到五刑所涉罪行时首列"十恶"。

结合"十恶"具体内容来看，可以分为三类：一是对皇权的侵犯，如"谋反""谋大逆""谋叛""大不敬"。二是对家庭伦理的严重侵犯，如"恶逆""不孝""不睦""内乱""不义"。三是对社会秩序、人道观念的践踏，如"不道"中的种种恶劣罪行。以下选讲其中的几条。

·谋反

一曰谋反。谓谋危社稷。

【疏】议曰：案《公羊传》云："君亲无将，将而必诛。"谓将有逆心，而害于君父者，则必诛之。《左传》云："天反时为灾，人反德为乱。"然王者居宸极之至尊，奉上天之宝命，同二仪之覆载，作兆庶之父母。为子为臣，惟忠惟孝。乃敢包藏凶愿，将起逆心，规反天常，悖逆人理，故曰"谋反"。

注：谓谋危社稷。

【疏】议曰：社为五土之神，稷为田正也，所以神地道，主司啬。君为神主，食乃人天，主泰即神安，神宁实时稔。臣下将图逆节，而有无君之心，君位若危，神将安恃。不敢指斥尊号，故托云"社稷"。《周礼》云"左祖右社"，人君所尊也。

十恶的第一项是"谋反"，《唐律》自身的注释解释为谋危社稷，实际上指的是谋害国君。之所以用社稷来指代国君，一是基于君权神授的观念，国君为天之子，"君为神主"。侵犯国君就是侵犯了社稷之神。二是国君乃至高无上之尊号，不能直接指斥，所以用社稷来指代国君。

需要注意的是，对国君的侵犯，只要有动机就可以论罪，而不需要发生事实上的侵害。这个理论来自于《春秋公羊传》所言的"君亲无将，将则诛焉"。"将"就是将要的意思，可以解释为动机。这种依照动机来判罪的理论，在中国法律史上源远流长，特别是对于尊者(君或者父母)的犯罪，往往只论动机，以此来维护纲常礼教。

·谋大逆

二曰谋大逆。谓谋毁宗庙、山陵及宫阙。
【疏】议曰：此条之人，干纪犯顺，违道悖德，逆莫大焉，故曰"大逆"。
注：谓谋毁宗庙、山陵及宫阙。
【疏】议曰：有人获罪于天，不知纪极，潜思释憾，将图不逞，遂起恶心，谋毁宗庙、山陵及宫阙。宗者，尊也。庙者，貌也。刻木为主，敬象尊容，置之宫室，以时祭享，故曰"宗庙"。山陵者，古先帝王因山而葬，黄帝葬桥山即其事也。或云，帝王之葬，如山如陵，故曰"山陵"。宫者，天有紫微宫，人君则之，所居之处故曰"宫"。其阙者，《尔雅·释宫》云："观谓之阙。"郭璞云："宫门双阙也。"《周礼·秋官》"正月之吉日，悬刑象之法于象魏，使人观之"，故谓之"观"。

这一项指侵犯皇家宗庙、陵墓、宫殿。由于这些建筑是皇家权力的象征，故而定罪也非常严厉，只要有犯罪的动机，就可以定罪。

· 谋叛

三曰谋叛。谓谋背国从伪。

【疏】议曰：有人谋背本朝，将投蕃国，或欲翻城从伪，或欲以地外奔，即如莒牟夷以牟娄来奔，公山弗扰以费叛之类。

谋叛指的是下列三种行为：第一，背叛本朝，投奔蕃国，指化外之国。第二，逃出城去投奔非法成立的政权或自立的封号。第三，以封地投奔他国或据邑反叛。

· 恶逆

四曰恶逆。谓殴及谋杀祖父母、父母，杀伯叔父母、姑、兄姊、外祖父母、夫、夫之祖父母、父母。

【疏】议曰：父母之恩，昊天罔极。嗣续妣祖，承奉不轻。枭镜其心，爱敬同尽，五服至亲，自相屠戮，穷恶尽逆，绝弃人理，故曰"恶逆"。

注：谓殴及谋杀祖父母、父母，杀伯叔父母、姑、兄姊、外祖父母、夫、夫之祖父母、父母。

【疏】议曰：殴谓殴击，谋谓谋计。自伯叔以下，即据杀讫，若谋而未杀，自当"不睦"之条。"恶逆"者，常赦不免，决不待时；"不睦"者，会赦合原，惟止除名而已。以此为别，故立制不同。其夫之祖父母者，夫之曾、高祖亦同。案丧服制，为夫曾、高服缌麻；若夫承重，其妻于曾、高祖，亦如夫之父母服期。故知称"夫之祖父母"，曾、高亦同也。

所谓"恶逆"指至亲之间的人身侵犯。具体来说分为两类，一是对祖父母、父母的殴打或是谋杀（仅有动机即可）。二是对伯叔父母、姑姊妹、外祖父母、夫、夫之祖父母的杀害（如果仅有动机，所谓谋而未杀，则不构成"恶逆"，而是在后面的"不睦"条中）。这里明显有等级的区分，大体上也是按照丧服等级，比如父母属于三年丧，祖父母是一年；伯叔父母、姑姊妹属于旁系期亲，外祖父母则是小功，夫之祖父母则是大功。此外，《唐律》较之丧服制度，更加重视直系尊长的维护，比如丈夫属于斩衰亲，却与旁系期亲同为一等。

　　"恶逆"与"不睦"有轻重之别，这也体现在了具体的处理上。"恶逆"是"常赦不免，决不待时"。唐代有恩赦的制度，比如大辟以下的罪行，很多在常赦时能够免除，但是"恶逆"之罪，则不能免除。相对而言"不睦"之罪，有些能够免除，只不过是"除名"罢了。所谓除名，就是免去官爵，贬为庶人。另外"恶逆"罪的死刑奏决时间是"决不待时"。一般来说，唐代从立春到秋分，不得奏决死刑，但是若犯"恶逆"以上及奴婢、部曲杀主者，则不在此限。

　　《疏议》又提及了"承重"问题。丧服制度中有所谓的"传重"概念，一般指的是嫡长子继承父亲的爵位、财产、宗庙祭祀权。同时自己继承的"重"也是由父亲那里传来的，将要传给嫡长子，那么嫡长子代表的不仅仅是父亲，而是祖宗一系传承而来的"重"。所以尊重嫡长子也就是尊重祖先，故而父为嫡长子服斩衰，而为其他儿子服齐衰不杖期。从嫡长子那里来看，虽然所有儿子都为父亲服斩衰，但嫡长子之斩衰多了"传重"的意涵。有的时候，嫡长子早死，而留有嫡孙，那么"重"就从直接隔代传授，这就是承重孙的概念。一般的祖孙关系是，孙子为祖父母服齐衰不杖期，祖父母为孙子服大功。但对于承重孙而言，就要为祖父母服三年丧服，比于父母，而祖父母也要为承重孙加至齐衰不杖期。推而广之，承重曾孙、承重玄孙等，都为曾祖或高祖服斩衰，而反过来则也是齐衰不杖期，这都是有传重带来的丧服变化。

　　同时，"传重"问题还影响到了孙妇为夫之祖父母的服制。首先明确一点，男子有重可传，女子也有重可传。所以在嫡子早死的情况下，可能出现两种情况：第一，嫡妇也去世了，那么男子之重传至嫡孙，女子之重传至孙妇，那么嫡孙为祖父母服三年丧服，孙妇以此为标准，从服降一等，则为夫之祖父母服齐衰不杖期。这就是原文中"若夫承重，其妻于曾、高祖，亦如夫之父母服期"的意思。第二，如果嫡子去世，嫡妇还在，则男子之重传至嫡孙，而女子之重还在嫡妇那里，没有传至孙妇。那么孙妇为夫之祖父母的丧服，就参照一般的标准，而不是传重的标准，为父之祖父母服大功。推而言之，为夫之曾祖、高祖服缌麻。这就是原文中"案丧服制，为夫曾、高服缌麻"的意思。

问曰：外祖父母及夫，据礼有等数不同，具为分析。

答曰："外祖父母"，但生母身，有服、无服，并同外祖父母，所以如此者，律云"不以尊压及出降"故也。若不生母身者，有服同外祖父母，无服同凡人。依礼，嫡子为父后及不为父后者，并不为出母之党服，即为继母之党服，此两党俱是外祖父母；若亲母死于室，为亲母之党服，不为继母之党服，此继母之党无服，即同凡人。又，妾子为父后及不为父后者，嫡母存，为其党服；嫡母亡，不为其党服。礼云："所从亡，则已。"此既从嫡母而服，故嫡母亡，其党则已。"夫"者，依礼，有三月庙见，有未庙见，或就婚等三种之夫，并同夫法。其有克吉日及定婚夫等，唯不得违约改嫁，自余相犯，并同凡人。

《疏议》这一段讲的是礼制中对于外祖父、丈夫的界定。在现代社会，是仅仅按血缘来判定外祖父母，从结婚登记来判定丈夫。但是古代由于婚姻中有妻、妾之分，昏（婚）礼又经历了"六礼"，故而需要非常细致地来判定。

首先是外祖父母的判定。《唐律疏议》确定了一个大的原则，即作为母亲血缘上的父母，即所谓"生母者"，则排除"尊压、出降"的因素，直接认定为外祖父母。如果不是母亲血缘上的父母，则是根据丧服制度来，有服则认定为外祖父母，无服则视同路人。要理解里面的意思，就要知道在古代的家庭关系中，"母"的含义是极为广泛的，对儿子来说，有生母、嫡母、继母、慈母、出母、嫁母、所后母。对母亲而言，也有她的生母、嫡母、继母、慈母、出母、嫁母。关于外祖父母的讨论，则是这两个条件的叠加，故而有很多的可能性。简而言之，对于有直接血缘关系的外祖父母，《疏议》直接给予认定。而对于没有血缘关系的"外祖父母"，比如嫡母或继母的父母，则会因为"尊压"或者"出降"导致无服，那么就不能认定为法律意义上的外祖父母。

其次是关于丈夫之认定。这里包含两个问题，一是法律上丈夫的认定，即对此男子犯罪，按照妻犯夫论处。二是婚姻关系之确立，不准悔婚，但在刑法上还是以凡人相犯论罪。之所以如此，是因为古代婚礼的程序非常复杂，有所谓的"六礼"，即纳采、问名、纳吉、纳征、请期、亲迎；到了夫家以后还有同牢共食、妇见舅姑、三月庙见等仪节。这些仪节有如下的意义：

第一，纳征是婚姻关系之确立，相当于现在的订婚，纳征之后不许悔婚。然而由于女子还没有正式嫁到夫家去，故而如果侵犯"定婚夫"，还是依照凡人论罪。

第二，亲迎之后，女子就嫁到夫家了，从法律的意义上就是"就婚"了，那么在这个时候开始，就认定了夫、妻了。

第三，从严格的意义上讲，婚姻是合二姓之好，真正的完成，是女子入嫁后三月，拜见夫家的祖庙，也就是所谓的"庙见"才算是完成婚礼，如果女子未庙见而死，则还是归葬与娘家，不算夫家人的。所以，法律既要顾及礼制的完整性，又要顾及事实上女子已嫁到了夫家，所以无论是未庙见，或者是已庙见，都算作夫妻了。

第四，一般的婚姻是女子嫁入夫家，也有入赘的，就是所谓的"就婚"。入赘的仪节，与一般的婚礼相同，故而相关的规定与上述内容相同。

·不道

五曰不道。谓杀一家非死罪三人，支解人，造畜蛊毒、厌魅。

【疏】议曰：安忍残贼，背违正道，故曰"不道"。

注：谓杀一家非死罪三人，支解人。

【疏】议曰：谓一家之中，三人被杀，俱无死罪者。若三人之内，有一人合死及于数家各杀二人，唯合死刑，不入十恶。或杀一家三人，本条罪不至死，亦不入十恶。支解人者，谓杀人而支解，亦据本罪合死者。

注：造畜蛊毒、厌魅。

【疏】议曰：谓造合成蛊；虽非造合，乃传畜，堪以害人者：皆是。即未成者，不入十恶。厌魅者，其事多端，不可具述，皆谓邪俗阴行不轨，欲令前人疾苦及死者。

这条讲的"不道"。所谓的"不道"是违法一般的人道，用残忍的手段损害人身安全。具体有以下两类罪行，一是杀一家中三人及以上，且三人中都没有犯有死罪的。二是杀人而肢解尸体。三是配置培养蛊毒，行厌魅。

在具体的认定上，第一，杀一家三口非死罪者的认定，如果一家中只有两人未犯死罪，或是每家杀两个以下未犯死罪的人，就都不能认定为"不道"，而是按照普通杀人罪来处理。或是虽然杀了人，但是具体的处罚不以杀人罪论处的，也不计算在内，比如良人殴杀他人之部曲奴婢，主人杀奴婢部曲，丈夫杀妾等。

第二，对于肢解的解释，也是要本罪定为死罪的前提下肢解人，才能入"不道"，列举的罪名可参考上述三条。

第三，配置蛊毒，就是将诸多毒物放在一个容器内，让它们互相撕咬而决出最毒的一个蛊。配置蛊毒的认定，一定要配制完成，如果没有完成，则不入"不道"。

第四，所谓"厌"，指的是诅咒偶像以害人。"魅"指造魅，假托鬼神来害人。这些都是古代的巫术，旁门左道，具体方式不能一一列举，所以在认定上，只要是历史上有过以此害人的，都能认定为厌魅。

·不孝

七曰不孝。谓告言、诅詈祖父母父母，及祖父母父母在，别籍、异财，若供养有阙；居父母丧，身自嫁娶，若作乐，释服从吉；闻祖父母父母丧，匿不举哀，诈称祖父母父母死。

【疏】议曰：善事父母曰孝。既有违犯，是名"不孝"。

《唐律》中的"不孝"指的是一些不符合儒家伦理、礼制的行为，其恶劣程度没有到对近亲属的人身犯罪。具体的罪行有：告发、咒骂祖父母、父母；祖父母、父母在世，却另立户口、分割家财，或者对父祖供养有阙；在父母丧期内，主婚娶嫁人，或者作乐起舞，脱去丧服而穿平时的吉服；听闻祖父母、父母去世，隐瞒实情不表示哀痛，诈称祖父母、父母去世。下面逐一具体分析。

注：谓告言、诅詈祖父母父母，

【疏】议曰：本条直云"告祖父母父母"，此注兼云"告言"者，文虽不同，其义一也。诅犹祝也，詈犹骂也。依本条"诅欲令死及疾苦者，皆以谋杀论"，自当"恶逆"。唯诅求爱媚，始入此条。

问曰：依贼盗律："子孙于祖父母父母求爱媚而厌、祝者，流二千里。"然厌魅、祝诅，罪无轻重。今诅为"不孝"，未知厌入何条？

答曰：厌、祝虽复同文，理乃诅轻厌重。但厌魅凡人，则入"不道"；若祝诅者，不入十恶。名例云："其应入罪者，则举轻以明重。"然祝诅是轻，尚入"不孝"；明知厌魅是重，理入此条。

这里的不孝罪分为两部分内容，即告发祖父母、父母；以及祝诅、谩骂祖父母、父母。

第一，告发祖父母、父母的所谓"本条"指的是第三百四十五条"告祖父母、父母"，具体的规定是："诸告祖父母、父母者，绞。（注：谓非缘坐之罪及谋叛以上而故告者。）"体现的精神是亲亲相隐。当然，亲亲相隐也是有限度的，对于涉及国家安全、君王权威的犯罪，是不能够容隐的，应该大义灭亲，故而《唐律》注以为"谋叛以上"不在此例。

第二，詈骂祖父母、父母，见于第三百二十九条，具体的规定是"诸詈祖父母、父母者，绞；殴者，斩；过失杀者，流三千里；伤者，徒三年。若子孙违犯教令，而祖父母、父母殴杀者，徒一年半；以刃杀者，徒二年；故杀者，各加一等。"可以明显看到，对尊长犯卑幼的处罚较轻，而卑幼犯尊长的处罚非常重，这也是《唐律》维护尊卑秩序的体现。

第三，关于祝诅，《唐律疏议》做了两点说明。首先，对于祖父母、父母祝诅的目标如果是"死"或是"疾苦"，则以谋杀罪论处，入于"恶逆"中。这也是"君亲无将"观念的体现。只有祝诅的目标是"求爱媚"，即祖父母、父母的偏爱，才入"不孝"条中。其次，祝诅和厌魅通常是连在一起讲的，但两种有轻重的区别，厌魅要更重，体现在上面"不道"中，对于一般人实施厌魅，即为"不道"，但对一般人实施诅咒，就不在"十恶"的范畴中了。所以据此轻重有别来推论，祝诅祖父母、父母尚为不孝，那么更加严重的厌魅，也应该在"不孝"的范畴中，这叫"举轻以明重"的推论方式。

注：及祖父母父母在，别籍、异财，

【疏】议曰：祖父母、父母在，子孙就养无方，出告反面，无自专之道。而有异财、别籍，情无至孝之心，名义以之俱沦，情节于兹并弃，稽之典礼，罪恶难容。二事既不相须，违者并当十恶。

儒家伦理的出发点是家族本位，而不是个人本位，故而讲究"同居共财"，特别强调大功以上亲属"同居共财"。就旁亲的计算而言，同祖父母的亲属正好是大功亲，故而也与此条的精神一致。所以，如果在祖父母、父母健在时，就别立户籍、分割家财，则为"不孝"。

注：若供养有阙；

【疏】议曰：礼云："孝子之养亲也，乐其心，不违其志，以其饮食而忠养之。"其有堪供而阙者，祖父母、父母告乃坐。

孝道最直接的体现，就是供养尊亲。儒家伦理对供养有比较高的要求，最低是"养口体"，即物质层面的供养；更高的是精神层面的"养志"，即遵从尊亲的意愿；再高的层面则是"色难"，即供养的时候要孝道发自内心，做到和颜悦色。反过来，越是重视孝道，那么对于最低层面供养有阙，其惩罚就越重，故而归于"十恶"中的"不孝"中。需要注意的是，此条罪名的确定，主观意愿起了很大的作用，没有客观的标准，只有祖父母、父母主动告发后，官府才能治罪。这个也在情理之中。

注：居父母丧，身自嫁娶，若作乐，释服从吉；

【疏】议曰："居父母丧，身自嫁娶"，皆谓首从得罪者。若其独坐主婚，男女即非"不孝"。所以称"身自嫁娶"，以明主婚不同十恶故也。其男夫居丧娶妾，合免所居之一官；女子居丧为妾，得减妻罪三等：并不入"不孝"。若作乐者，自作、遣人等。乐，谓击钟、鼓，奏丝、竹、匏、磬、埙、篪、歌舞、散乐之类。"释服从吉"，谓丧制未终，而在二十七月之内，释去衰裳而着吉服者。

此处的罪行是在父母丧中，自行婚嫁之事，或者作乐，提前除去丧服。

儒家的礼制分为五类，分别是吉、凶、军、宾、嘉。其中凶礼指的就是丧礼。吉礼指的是祭祀之礼，而婚礼、冠礼、饮酒礼等属于嘉礼。粗略而言，吉礼和嘉礼都属于"吉"的范畴。礼制中有"吉凶不相干"的原则，即居丧期间是不能行吉礼或者嘉礼的，所以此处提到的行为都触犯了这一原则，故而归入了"不孝"的范畴中。

当然在具体罪行认定上，要考虑到诸多的因素，比如丧中嫁娶条，需要考虑很多细节问题。第一条是区分首从。因为古代的婚姻是"合二姓之好"，往往是由尊长主婚，所以如果是由祖父母、父母或其他尊长主婚的，则男女自身并无自主权，故而不能纳入"不孝"中。唯独男女自专婚娶，才入此条。第二是区分妻妾。在古代的婚姻中，妻妾之间的区别是很大的，大到妾与妻的关系差不多就等同于儿媳妇同公婆的关系一样。所以在丧中婚娶的定罪中，妻妾之间的差别也很大。如果男子丧中娶妻，则入"十恶"，娶妾则不入"十恶"，而是免去官职。如果女子是丧中嫁为人妻，是徒三年，入"十恶"；如果嫁作妾，则减三等，不入"十恶"。

丧中作乐涉及具体的乐舞，就不多介绍了。提前除服，则涉及服丧的期限问题。就为父母的三年而言，分为这么几个节点：1.始死。2.二日小敛（即给死者穿衣服）。3.三日大敛（即将死者放入棺木中），接下来停尸三月（称为殡）。4.三月下葬，生者的丧服变为轻服。5.第十三个月进行小祥祭，生者的丧服再次变轻。6.第二十五个月进行大祥祭，脱去丧服，换为素衣。7.第二十七个月进行禫祭，除哀，这算是正式完成服丧。所以在禫祭之前作乐舞或直接换成吉服，都属不孝。

注：闻祖父母父母丧，匿不举哀及诈称祖父母父母死。

【疏】议曰：依礼："闻亲丧，以哭答使者，尽哀而问故。"父母之丧，创巨尤切，闻即崩殒，擗踊号天。今乃匿不举哀，或拣择时日者，并是。其"诈称祖父母父母死"，谓祖父母、父母见在而诈称死者。若先死而诈称始死者，非。

在礼制中，儒家伦理最重视的是丧礼，认为这是人情最不能自已的时刻，所以丧礼对于风俗之淳化有极其重要的意义。由此，要求人子不但要严格地服满丧期，而且根据"吉凶不相干"的原则，在官者应该辞官服丧。但也因为如此，现实中会有人故意隐瞒父祖的丧事，那么自然就属于"不孝"了。与之相反的，诈称有父、祖之丧的，也属于"不孝"。

另外，根据上条所言的丧礼的各个节点，我们可以看出，生者对死者的哀情是不断减弱的，直至完全由凶变吉，在始死时的哀情是最重的。但是涉及"不孝"罪的诈称父祖之丧，仅涉及生死问题，不涉及丧礼中的轻重问题，所以父、祖已死，而诈称"始死"的行为，是不入"不孝"条的。

·不睦

八日不睦。谓谋杀及卖缌麻以上亲，殴告夫及大功以上尊长、小功尊属。
【疏】议曰：礼云："讲信修睦。"《孝经》云："民用和睦。"睦者，亲也。此条之内，皆是亲族相犯，为九族不相协睦，故曰"不睦"。

"不睦"与之前的"恶逆"一样，都是对亲属的人身犯罪，不同之处在于，由于丧服制度上存在亲疏远近，故而在性质上有轻重之别。具体指的是谋杀及卖缌麻以上亲属，殴打、告发丈夫及大功以上尊长、小功服的尊长及其亲属。

注：谓谋杀及卖缌麻以上亲。
【疏】议曰：但有谋杀及卖缌麻以上亲，无问尊卑长幼，总入此条。若谋杀期亲尊长等，杀讫即入"恶逆"。今直言谋杀，不言故、斗，若故、斗杀讫，亦入"不睦"。举谋杀未伤是轻，明故、斗已杀是重，轻重相明，理同十恶。卖缌麻以上亲者，无问强、和，俱入"不睦"。卖未售者，非。

谋杀缌麻以上亲属：第一，是亲属的范围，指的是缌麻以上，则不论是尊属还是卑属。第二，如果是谋杀其中的期亲尊长，而且是杀讫了，则属于上条"恶逆"的范围了；未杀讫，则属于本条。父母、祖父母自然不在此处所说的"缌麻以上"的范围内了。第三，此处所言的"谋杀"，就表示有此动机即可定罪，不强调"故"（故意杀人）与"斗"（因斗殴而杀人），或者最终"杀讫"的结果。那么根据"举轻以明重"的原则，故、斗也是入此条的。

对于卖缌麻以上亲属，首先强调，无论是否经过被卖亲属的同意，都入"不睦"。其次，正式的定罪，要看贩卖行为的完成，如果卖而未出手，则不入此条。

注：殴告夫及大功以上尊长、小功尊属。
【疏】议曰：依礼："夫者，妇之天。"又云："妻者，齐也。"恐不同尊长，故别言夫号。大功尊长者，依礼，男子无大功尊，唯妇人于夫之祖父母及夫之伯叔父母是大功尊。大功长者，谓从父兄姊是也。"以上"者，伯叔父母、姑、兄姊之类。小功尊属者，谓从祖父母、姑，从祖伯叔父母、姑，外祖父母，舅、姨之类。

此条首先是强调了夫妻关系中的夫为妻纲，因为古代女子有"三从"之义，未嫁从父，既嫁从夫，夫死从子。从未嫁到既嫁的过程中，女子的"天"由父亲变为丈夫，故为丈夫服斩衰，而为父亲由斩衰降为齐衰不杖期。但是在《唐律》中，不是完全按照丧服来定罪的，夫妻关系的重要程度显然要低于直系尊长，如父母、祖父母。故而对于丈夫的殴告属于"不睦"，而不在"恶逆"条。

接下来的文字则是具体界定了大功以上尊长和小功尊属。首先，所谓"尊"指的是比自己的辈分高，所谓"长"就是同一辈分中年长之人。其次，男子没有大功的尊者。因为根据丧服的原理，同祖父的旁亲为大功亲，按照道理，旁系大功尊者指的就是伯叔父母。但是礼制上有特殊的规定，即"兄弟之子犹子也"，即对待自己的侄儿子要像自己儿子一样，所以丧服由大功升到了不杖期，相应的对伯叔父母的报服也升到了不杖期，导致了男子无大功尊亲。再次，是大功长的问题，《疏议》列举了从父兄姊，即堂兄姊，他们是同祖旁亲故而是大功。最后，小功尊属有两类，一是本宗的同曾祖之亲，即从祖父母、姑，从祖伯叔父母、姑。二是外亲，外祖父母，舅、姨。

结语

唐灭之后，五代时期《唐律疏议》仍被奉为正式法典；宋、金时期它在法典编纂上的影响也是决定性的，且具有实际的法律效力，例如宋代所编纂的《宋刑统》，其律文部分与唐律全同，而疏议部分也基本相同。到明清两代，虽则它不再是现行法，但却是制定法律时的重要参考，在事实上承袭了《唐律疏议》的精神原则和许多具体条款。此外，它也深刻影响了日本等东亚国家的立法与司法实践。

因此可以说，《唐律疏议》是在中国和世界历史上都有着重要影响的法典，它体现了隋唐大一统强盛王朝的文明成就，泽被后世。本章我们简要了解了其基本内容、基本精神，借此也一窥源远流长的中国法律传统。我们不能片面地说中国古代没有法治，但中国古代法治的确有其礼法交融、法律儒家化等特质，形成了世界法制史上独树一帜的中华法系，积淀了深厚的法律文化，直到今天仍然在影响着我们的社会伦理生活和法治文明的建设。

【必读建议】

《唐律疏议·名例·十恶》《唐律疏议·名例·同居相为隐》

【选读建议】

《唐律疏议·户婚·子孙别籍异财》《唐律疏议·户婚·养子舍去》《唐律疏议·贼盗·谋反大逆》《唐律疏议·贼盗·亲属为人杀私和》

【思考题】

1. 怎样看待法律面前人人平等与亲亲相隐？
2. 怎样看待《唐律》维护尊长的立法精神？
3. 怎样理解古代婚姻的性质？与现代婚姻观有何不同？
4. 试着寻找现代民俗中，古代丧服制度的遗迹。

【扩展阅读】

关于《唐律疏议》的进一步精读，可参考刘俊文先生的《唐律疏议笺解》（中华书局，1996）。该书对《唐律疏议》做了极其详尽的注释和讲解，本章写作的内容，很多是参考了刘俊文先生的成果。

关于法律儒家化的进一步阅读，可参考瞿同祖先生的《中国法律与中国社会》（商务印书馆，2010）。

《传习录》

中华文明在经历了唐末五代的战乱动荡之后，由宋元入明，迎来了政治文化的繁荣期，宋明理学应运而生。宋明理学也被称为新儒学，是继汉唐儒学之后，在吸纳佛、道二教思想的基础上所形成的一种儒学再塑思潮，是传统儒学发展的一个高峰，其中以"程朱"理学和"陆王"心学最为代表。《传习录》作为一部展示王阳明思想基本面貌的哲学著作，不仅是宋明理学的经典之一，更是儒学思想的宝贵财富。我们要了解宋元明六百年间中华文明的新形态，了解儒学的某种内在转向，《传习录》是一部不可不读的经典。

关键词：理学与心学、天理、良知、心即理、知行合一、致良知

第六章
文明的新哲学基础

隋唐以来，有儒、释、道三教并存之局面。其中佛教、道教较为兴盛，还曾分别成为了隋、唐两朝的国教，相形之下儒学则暗弱不彰，偏于经传注疏、拘泥章句之学，有远离人伦世教之虞。而在此期间，儒家化、世俗化的佛教即"禅宗"形成，中唐以来反对浮华文体的"古文运动"兴起，儒学在与佛、道二家的论争中不断学习借鉴，也在积蓄着再度崛起的力量。

唐末五代乱世、道德沦丧，至于北宋开国而天下初定，一统之势始成，立教"造道"以重建华夏，遂成为迫切的时代课题。在宋初"崇文抑武"的土壤中，"士"力求在佛老之外重新建立起思想文化上的共识，儒家思想迎来新的发展契机，焕发出勃勃生命力，理学正是在这样的背景下登上了历史舞台。

就其统绪而言，理学正式兴于北宋中期，但理学所代表的这一儒学"复兴"运动，以及理学的基本思想方向，都能在中唐时期尤其是韩愈、李翱处找到直接的渊源：他们宣扬道统、推尊孟子、阐扬《大学》、排击佛教，这些都为后世理学家所尊奉。因此，韩愈、李翱被公认为是理学的前驱。此外，宋初三先生（胡瑗、孙复、石介），以及范仲淹、欧阳修等人倡导儒学复兴，对理学也有先导的作用。

北宋是儒学大发展的时代，其整体的学风是崇道抑文、尊经排佛，并由此形成了各具特色的多个学派；他们不满足于汉唐儒学的经传注疏传统，舍章句而求义理，讲求经世致用，以"内圣外王"为最高理想。其中显著者有

王安石新学、司马光温公学派、三苏（苏洵、苏轼、苏辙）的蜀学、张载的关学，以及二程（程颢、程颐）兄弟的洛学等。

到了南宋，经由二程弟子及后学的积极努力，特别是朱熹的发扬光大，逐渐形成了"二程"学术独领风骚的局面，理学遂成为主流；元代朱子学立为官学，至明代性理之学又大放异彩，遂有"宋明理学"之说。

总而言之，理学的兴起有其复杂深刻的历史与思想背景，发展也蔚为壮观。它是经历三教并存、治乱更替之后，中华文明在文化上的一次再创造，体现着对唐末五代道德沦丧和儒学沦为礼教虚文的一种道德觉醒，结果则造就了此后六百年间中华文明形态的一个新的哲学基础，也对此后整个东亚文明的精神内核有着重要影响。

第一节 宋明理学简述

·何谓"宋明理学"？

宋明理学，是后世对宋元明六百年间占主导地位的学术思想体系的统称，也称"新儒学"。在此，"宋明"泛指朝代，因而也包括元、清初。而"理学"之理，则指性理、天理，其内容涉及天道、性命，以及成圣成贤的道德实践原则、修养方法等。

需要注意的是，"理学"一词本身，有广狭两义。

广义的理学就是指宋元明时期占据主要地位的学术思想体系，即"宋明理学"。"理学"这一名称在南宋正式出现，南宋黄震曾言"自本朝讲明理学，脱出训诂"。[1]可见，它是指有宋以来兴起的与辞章训诂之学相区别的学问，是讲求"性理"之学，这是从广义上来讲的。

而狭义的理学则专指宋明理学中的一个学派，即程朱学派（程颐、朱熹）——由于程朱以"理"为最高范畴，因此后世也习惯用"理学"来专指他们的思想体系，即"程朱理学"，从而与宋明理学中的另一学派即"陆王心学"相对。这时"理学""心学"就成为广义的"宋明理学"内部对峙两学派的代名词。

总而言之，当我们一般地说到"宋明理学"时，它泛指宋代以来所形成的这一以"性理之学"为主导的学术体系，既包括程朱理学，也包括陆王心学。

---

[1]（宋）黄震《黄氏日钞》卷二，"读论语"。

·理学分系与鹅湖之会

按传统的分类，广义的宋明理学主要有两大派。一是程朱学派，以北宋二程的洛学为主干，至南宋朱熹发展至高峰，其在明代依然有很大影响，且维持着正统地位，主要代表为程颐、朱熹。其中朱熹起自闽学，为程门四传弟子，一般被认为接续了理学正宗，且集其大成，故与二程合称为程朱学派或程朱理学。程朱学派的思想以"理"为最高范畴。

另一派是在宋代产生而在明中后期占主导地位的以"心"为最高范畴的思想体系，代表人物为南宋陆九渊和明代的王守仁，故又称为陆王学派或陆王心学。[1] 其开创者陆九渊，倡导"吾心即宇宙""发明本心"之说，一开始就以与朱子学持异的姿态出现。南宋淳熙二年（公元 1175 年）六月，陆九渊与朱熹曾论辩于江西铅山鹅湖寺，史称"鹅湖之会"。此后，理学传统中亦遂有"朱陆之争"一说。

综观宋明六百年，理学家浩如繁星，不胜枚举，其中自成一家，且对后世有深远影响的代表人物大致有以下九人：

周敦颐，字茂叔，世称濂溪先生，开创濂学；

张载，字子厚，世称横渠先生，开创关学；

程颢，字伯淳，世称明道先生、"大程子"；

程颐，字正叔，世称伊川先生、"小程子"，二程兄弟开创洛学。

邵雍，字尧夫，世称康节先生，开创数学；

（以上为北宋）

朱熹，字元晦，世称晦菴先生；

陆九渊，字子静，世称象山先生，开创心学；

（以上为南宋）

王守仁，字伯安，世称阳明先生；

刘宗周，字起东，世称蕺山先生；

（以上为明代）

---

[1]陈来《宋明理学》，华东师范大学出版社 2004 年版，第 9 页。

· "希圣希贤"

宋明理学内部虽有不同的学派，即便同一学派内部的不同学者，其理论主张也不尽相同。陈来先生认为，不同学派的学者之所以都被称为宋明理学，正是由于他们具有某些共同的性质和特点，共同承担并体现了时代精神。这些特点包括：

（1）以不同方式为发源于先秦的儒家思想提供了宇宙论、本体论的论证。

（2）以儒家的圣人为理想人格，以实现圣人的精神境界为人生的终极目的。

（3）以儒家的仁义礼智信为根本道德原理，以不同方式论证儒家的道德原理具有内在的基础，以存天理、去人欲为道德实践的基本原则。

（4）为了实现人的精神的全面发展而提出并实践各种"为学工夫"即具体的修养方法，这些方法的条目来自《四书》及早期道学的讨论，而特别集中于心性的工夫。[1]

如上所示，宋明理学家皆以实现圣人的精神境界为人生终极目的。尽管理学讨论的问题随着不同时期、不同流派而有所不同，但都以"希圣希贤"为人生的终极价值追求，这一目的从未改变。由此终极目的，理学家根据自身的体悟和实践，发展出种种道德修养方法，随之便有工夫论、宇宙论、本体论等主张。

而他们讨论所依据的经典主要是"四书"（《大学》《中庸》《论语》《孟子》），理学系统中的概念也多源自"四书"，如格物、致知、中和等；此外，还有不少是直接出自北宋以来的洛学传统，如关于天命气质、理气问题的讨论等。

大体而言，理学的概念范畴可分为天道论、心性论和工夫论三大类：

（1）天道论，又称为宇宙论或本体论，主要是关于宇宙的根本法则及其演化生成，涉及的概念有太极、理、气、阴阳、乾坤、天命、诚、易等；

（2）心性论或人性论，主要讨论人性和人心，相关概念有性、心、情、知、意、几、未发已发等；

---

[1] 陈来《宋明理学》，华东师范大学出版社 2004 年版，第 11 页。

（3）工夫论则是关于具体的修养方法和路径，常用的概念术语有涵养省察、主敬与主静、格物与致知、正心与诚意，以及慎独、穷理等。

必须指出，天道与心性不是相隔的，理学家普遍信奉天人合一，天道与性命相贯通；天道既是宇宙法则、普遍规律，又是人性之理、人事之理、道德原则，对天道的体悟也必然会落实为具体的心性修养工夫和方法。因此，天道论、心性论、工夫论，从宇宙生成演化、万物本原与规律，到人生涵养功夫、实践与道德，共同构成了一以贯之、概念丰富的新儒学体系，将传统儒学提升到一个非常哲学化的程度。

第二节　王阳明与《传习录》

· "全人"王阳明

王守仁（1472—1529），字伯安。祖籍浙江余姚，年轻时随父王华（1446—1522）迁家至山阴（今浙江绍兴）。弘治十二年（1499）进士，官至南京兵部尚书。卒于江西南安，年五十七，谥文成，后人因称王文成公。因守仁曾结庐于会稽山阳明洞，自号阳明子，故世称"阳明先生"。

王阳明一生经历跌宕起伏，充满传奇色彩，同时成就斐然，集立德、立言、立功于一身，军政文章德行皆称于世，堪称"全人"。例如，阳明生平最著名之功迹是江西平定叛乱。正德十四年（1519），江西宁王朱宸濠反，此时阳明四十八岁，任都察院右副都御史，起兵讨伐，费时一月余，生擒宸濠。

阳明弟子极众，世称阳明学派，或姚江学派。其弟子钱德洪总结阳明学问教诲路径，谓阳明前有"学三变"，即少时驰骋于辞章，后出入佛老，直至龙场悟道；而悟道后又有"教三变"，即先后以"知行合一""静坐""致良知"为教法。

·《传习录》其书

《传习录》是一部集中反映王阳明思想的哲学著作，是公认的理学经典、心学圣书。《传习录》一书由王阳明门人编纂，书名取自《论语·学而》"曾子曰：吾日三省吾身。为人谋而不忠乎？与朋友交而不信乎？传不习乎？"其中传、习二字，朱熹注："传谓受之于师，习谓熟之于己"，也就是对老师所传授的要时时研习，熟之于心。

《传习录》分上中下三卷，共收录三百四十二条阳明语录，其卷上、卷下记录了王阳明与门人弟子的对话，卷中则是书信部分；为统一全书体例，也为了便于阅读，卷中的书信被拆分为一问一答的对话形式。

《传习录》从初刻本到最终的三卷本成书，经历了五十多年。初刻《传习录》在明正德十三年（阳明四十七岁），内容大体相当今本的上卷；续刻在嘉靖三年（阳明五十三岁），主要增加了阳明中年的论学书信，内容大体相当今本的上卷和中卷；阳明去世后，门人收集遗言，更定删削，于隆庆六年（阳明殁后四十四年）定为三卷本《传习录》，除了增加阳明晚年的语录，还把《朱子晚年定论》附于书后，最后收入《王文成公全书》。

第三节 心即理

·性即理与格物致知

提起陆王心学，人们通常会想到"心即理"这个标志性命题，而与之相对应的是程朱理学的"性即理"。"心即理"和"性即理"在某种程度上的确揭示了陆王心学与程朱理学在哲学立场上的差异，但二者并不是互不相容的命题。事实上，"性即理"是宋明理学家一致认可的，王阳明亦不例外；

而"心即理"在某一意义上，朱子也能同意。"心即理"和"性即理"表面的概念之争，其实更多地显示出朱子学与阳明学在为学路径以及功夫方向上的不同。

"性即理"出自程颐，为朱熹所尊奉。在程颐那里，"性即理"在于强调人的本性合乎道德原则，并与宇宙普遍法则是完全一致的。[1]朱熹则更加明确了人性与天道的禀受关系，即人禀受天理而为性。前文说过，理学家的终极追求是成圣成贤，这意味着追求本性的完满发展与实现；既然性源于天理，那么理学家追求成圣成贤的修养工夫，最终即要落到对天理的把握上。所以，朱熹认为认识的最终目的就是要达到天理。

天理是宇宙的根本法则，是天地万物的整全之理，称之为太极；万物皆有理，这是太极在具体器物上的分殊之表现；天理和具体万物的理，是"理一分殊"的关系。在朱熹看来，人的认识要达到天理，就必须要穷究万殊的事物之理（格物）；由万殊之理再上升到普遍的天理，人的认识就完备了（致知）。这个过程就是朱熹说的格物致知。《格物补传》言：

> 所谓致知在格物者，言欲致吾之知，在即物而穷其理也。盖人心之灵莫不有知，而天下之物莫不有理，惟于理有未穷，故其知有不尽也。是以大学始教，必使学者即凡天下之物，莫不因其已知之理而益穷之，以求至乎其极。至于用力之久，而一旦豁然贯通焉，则众物之表里精粗无不到，而吾心之全体大用无不明矣。此谓物格，此谓知之至也。（《大学章句》格物补传）

朱熹把格物理解为"即物穷理"。"格，至也。物犹事也。穷至事物之理，欲其极处无不到也"（《大学或问》）。格物就是要至于物而穷究其理，并且要穷至其极。

格物的对象极为广泛，上至宇宙本体、下至一草一木，事物无论大小精粗莫不有理，这种对象的广泛性也就决定了格物途径的多样性，其中主要是读书、应事接物和道德实践。[2]格物的目的是要通过对事物分殊之理的了解，

---

［1］陈来《朱子哲学研究》，华东师范大学出版社 2000 年版，第 194 页。

［2］陈来《宋明理学》，华东师范大学出版社 2004 年版，第 141 页。

最终达到天理全体，这个过程是"今日格一物，明日格一物"的反复积累，而一旦豁然贯通，就是认识的飞跃，所谓"吾心之全体大用无不明"，这是"物格而后知至"。

王阳明并不反对"性即理"之说，他对朱子学的不满之处主要在于格物穷理的工夫学说。朱熹的格物致知，在工夫路径上是指向外在的事物，并且有明显的知识取向，而弱于在人伦日用上的体验与落实，这遭到了王阳明的猛烈批评。

格物、致知出自《大学》，可以说是三纲八目（三纲：明德、亲民、止于至善；八目：格物、致知、诚意、正心、修身、齐家、治国、平天下）中的最重要的两个概念，几乎所有的理学家都会通过对《大学》的诠释，来阐发他们的哲学思想：

> 大学之道，在明明德，在亲民，在止于至善。知止而后有定，定而后能静，静而后能安，安而后能虑，虑而后能得。物有本末，事有终始，知所先后，则近道矣。古之欲明明德于天下者，先治其国；欲治其国者，先齐其家；欲齐其家者，先修其身；欲修其身者，先正其心；欲正其心者，先诚其意；欲诚其意者，先致其知，致知在格物。物格而后知至，知至而后意诚，意诚而后心正，心正而后身修，身修而后家齐，家齐而后国治，国治而后天下平。（《大学》）

· 龙场悟道：吾性自足

王阳明自幼即有志于圣贤之学，小时候曾问塾师："何为第一等事？"塾师答道："惟读书登第耳。"阳明疑曰："登第恐未为第一等事，或读书学圣贤耳。"[1]阳明早年基本是遵循朱熹的格物穷理的路数来设计他的圣贤追求，但他与"一草一木，莫不有理"的"外向"格物始终格格不入，著名的"格竹子"事件即是明证。

---

[1]（明）钱德洪《王阳明年谱一》。

是年为宋儒格物之学。先生始待龙山公于京师，遍求考亭遗书读之。一日思先儒谓"众物必有表里精粗，一草一木，皆涵至理"，官署中多竹，即取竹格之；沉思其理不得，遂遇疾。先生自委圣贤有分，乃随世就辞章之学。（《年谱一》）

格竹失败的经历让青年王阳明一度沉沦，相继陷入世俗的辞章之学和佛老之学，直到三十一岁才"渐悟仙释之非"，[1]重归儒门。自此，阳明专"以倡明圣学为事"，但旋即又陷入政治斗争的漩涡，被下诏狱，远谪贵州龙场。在经历了百死千难的生死危机之后，阳明成圣之路的探索亦迎来了一生中最重要的生存体验——龙场悟道。

龙场在贵州西北万山丛棘中，蛇虺魍魉，蛊毒瘴疠，与居夷人鴂舌难语，可通语者，皆中土亡命。旧无居，始教之范土架木以居。时瑾憾未已，自计得失荣辱皆能超脱，惟生死一念尚觉未化，乃为石墩自誓曰："吾惟俟命而已！"日夜端居澄默，以求静一；久之，胸中洒洒。而从者皆病，自析薪取水作糜饲之；又恐其怀抑郁，则与歌诗；又不悦，复调越曲，杂以诙笑，始能忘其为疾病夷狄患难也。因念："圣人处此，更有何道？"忽中夜大悟格物致知之旨，寤寐中若有人语之者，不觉呼跃，从者皆惊。始知圣人之道，吾性自足，向之求理于事物者误也。（《年谱一》）

龙场悟道，是王阳明思想历程中最为重要的节点，由此心学体系基本确立。"圣人之道，吾性自足"，明确肯定了主体的内在自足性，不假外求；"向之求理于事物者误也"，这是对自己早年遵循朱熹格物工夫的悔悟。阳明意识到"纵格得草木来，如何反来诚得自家意"（《传习录下》），向外求理，最终只能是"物理吾心，终判为二"。[2]

龙场之悟，阳明在工夫上悟得朱子学"向外求理"之非，立"求理于吾心"，对朱熹的格物穷理作了方向性翻转。

---

[1]（明）钱德洪《王阳明年谱一》。

[2]（明）黄宗羲《明儒学案姚江学案》。

·心即理：工夫只在心上做

在龙场体悟到的"圣人之道，吾性自足"，后来王阳明明确表述为"心即理"，这意味着理不在外在的事物上求，而当反求诸心，因为理由心出，心是至善、天理所从出的根源。

> 爱问："至善只求诸心。恐于天下事理，有不能尽。"先生曰："心即理也。天下又有心外之事，心外之理乎？"爱曰："如事父之孝，事君之忠，交友之信，治民之仁，其间有许多理在。恐亦不可不察。"先生叹曰："此说之蔽久矣。岂一语所能悟？今姑就所问者言之。且如事父，不成去父上求个孝的理。事君，不成去君上求个忠的理。交友治民，不成去友上民上求个信与仁的理，都只在此心。心即理也，此心无私欲之蔽，即是天理，不须外面添一分。以此纯乎天理之心，发之事父便是孝，发之事君便是忠，发之交友治民便是信与仁，只在此心去人欲、存天理上用功便是。"（《传习录上》）

"心即理"揭示了人心的本来面貌：人心没有私欲障蔽，则全幅都是天理。私欲，是指人的私心杂念，理学中也称为人欲。天理和人欲是一对相反的概念，意味着伦理学上的善恶对立。

> 心即理也。无私心，即是当理。未当理，便是私心。（《传习录上》）

王阳明要表达的是，人心的活动，在没有人伪私欲的干扰下，是人生命存在的先天本真状态，原与天理的方向是完全一致的。因此天理不是一个外在的预设，而是人心的自然呈现，无须外求：只要没有私欲障碍，在事父之事上就会自然表现为孝之理，在事君之事上就自然会表现为忠之理。王阳明说：

> 理也者，心之条理也。是理也，发之于亲则为孝，发之于君则为忠，发之于朋友则为信。千变万化，至不可穷竭，而莫非发于吾之一心。（《书诸阳伯卷》）

　　"心即理"命题的提出，是从人心活动的本然状态上指点"天理出于人心"，倡导工夫只在心上做，即去人欲存天理。

　　那么，"理出于心"是否意味着现实生活中的具体道德规则、仪节等知识都无须再去探求呢？当时习熟于朱子学的学者，他们有一个普遍的观点，在践行道德行为之前，首先要明白具体的道德准则，如果你连基本的行为规范都不知道，又如何能去践履呢？比如侍奉尊长，在古代是有一套基本的礼仪规范的，这些礼仪知识似乎与"心"没有关系，而是必然要向外学习才能获得的。王阳明的学生就有这样的疑问。

　　爱曰："闻先生如此说，爱已觉有省悟处。但旧说缠于胸中，尚有未脱然者。如事父一事，其间温清定省之类，有许多节目，不知亦须讲求否？"先生曰："如何不讲求？只是有个头脑，只是就此心去人欲存天理上讲求。就如讲求冬温，也只是要尽此心之孝，恐怕有一毫人欲间杂。讲求夏清，也只是要尽此心之孝，恐怕有一毫人欲间杂，只是讲求得此心。此心若无人欲，纯是天理，是个诚于孝亲的心，冬时自然思量父母的寒，便自要求个温的道理，夏时自然思量父母的热，便自要求个清的道理，这都是那诚孝的心发出来的条件。却是须有这诚孝的心，然后有这条件发出来。譬之树木，这诚孝的心便是根，许多条件便是枝叶，须先有根，然后有枝叶。不是先寻了枝叶，然后去种根。须是有个深爱做根，便自然如此。"（《传习录上》）

　　王阳明认为对具体事理的探究、道德知识的讲明，当然还是需要的，而且与"心即理"之说并不排斥，但须讲个先后本末。"心即理"是头脑、是根本，明白了理在心，则孝敬父母自然会"尽此心之孝"，有了这个"根"，人在不同的现实情境中会自发地去探究相关的知识并主动去寻求适宜的行为方式，这些求知的行为都是这个真切的"求孝之心"的具体表现，是"诚孝之心"所发出来的条件。相反，若是没有这个"诚孝之心"，即便事事做得周匝好看，亦只是"扮戏子"，却与心毫不相干。

　　"心即理"的另一种表述是"心外无理"。"心外无理"的说法更加明确地斩截了向外求理的可能性，从理论上直接否定了朱熹的格物学说；既然心外无理，那向外的"即物穷理"就失去了根据。事实上，朱子提格物穷理，理的范围比较宽泛，除了道德法则，还包含了自然意义的物理法则；而王阳明则坚定地认为，理只能是关乎道德的性理，天理或性的意蕴就是至善，是在人心活动中呈现出来的，这与外在的事物无关。他说：

> 于事事物物上求至善，却是义外也。至善是心之本体。（《传习录上》）

所谓"义外"，即以义为外，孟子曾批评这种把道德原则看作外在于心的主张。

可以看出，阳明对北宋以来理学在宇宙论层面上的种种论述不甚关心，他的焦点全在工夫问题，即如何成就自身德性这个根本而切己的成圣追求。

第四节 知行合一

在宋明理学中，知、行的关系是一个经常被讨论到的问题，一般是指知识和行动，尤其是道德知识与道德践履的关系问题。

朱熹对知行的看法可以总结为三句：知先行后、知轻行重、知行相须。就常识的观点看，理论知识的掌握可以指导我们的实践行为，因此知识在实践行动之前，知在行先。"所以朱熹重视格物致知、读书穷理，认为只有先知晓事物的当然之则，才能做出合乎于理的行为，否则，人的道德实践就是一种缺乏理论指导的盲目行为。"[1]

不过，王阳明认为，将知、行分判为二，在理论上无法解决"知而不行"的问题。即便程朱宣称"真知必能行""知而不行，只是知得浅，不足以谓之真知"，依然无法在理论上保证知而必行；同时在实践上还会给人以借口，

---

[1] 陈来《宋明理学》，华东师范大学出版社 2004 年版，第 145 页。

即因为不知，所以不行。阳明指出：

> 待知得真了，方去做行的工夫。故遂终身不行，亦遂终身不知。（《传习录上》）

龙场悟道翌年，王阳明就正式提出了"知行合一"。这是他的学说中最具特色的主张，也贯穿在他的其他学说之中。

"知行合一"是"心即理"思想的发展，也是"心即理"在道德实践上的具体展开。王阳明认为人们正是由于不了解"心即理"，以为理在心外，心、理可以二分，则只管外面做得好看，全然不管内里全是一个私心，人人作伪、道德沦丧，才在实践中造成知行不一。既然"心即理"要求人们从行为的根源处，即心上去用功，那么同时必须主张知与行本来是合一的，由此在心上做的工夫，才能落到行动的实处，以彻底解决道德上的作伪问题。

·身心之学

王阳明将自己的学问称为"身心之学"，针对的便是道德作伪、身心不一。他感慨世道衰微，学者溺于词章记诵，驰逐功利，"自科举之业盛，士皆驰骛于记诵辞章，而功利得丧分惑其心"（《万松书院记》）；学者口谈孔孟而实内济私己之欲，功利之毒害沦浃于人之心髓。阳明在《拔本塞源论》中痛斥：

> 记诵之广，适以长其敖也；知识之多，适以行其恶也；闻见之博，适以肆其辨也；辞章之富，适以饰其伪也。（《传习录中》）

词章记诵之学俨然已经沦为功利之帮凶，王阳明为之痛心疾首，大声疾呼"身心之学"。《年谱》记载："学者溺于词章记诵，不复知有身心之学。先生首倡言之，使人先立必为圣人之志。"王阳明所谓的身心之学是身心表里如一之学，非口耳谈说：

世之讲学者有二，有讲之以身心者，有讲之以口耳者。讲之以口耳，揣摸测度，求之影响者也；讲之以身心，行著习察，实有诸己者也。知此，则知孔门之学矣。（《传习录中》）

讲之以口耳，是把学问当成一套与己无关的客观知识，对知识的践行也就浮而无根，揣摸影响，不能约入身心，甚者以学问为利禄工具，德性与为学判然为二，身心为之决裂。

讲之以身心者，是实体诸己，由内而外，身心一体。这样的"身心之学"本于《大学》的"诚于中，形于外"，强调外在的行为都应是人心真切的表现，表里如一，纯澈无伪。

·一念发动便是行

基于"身心之学"，阳明认为，知行的"行"，不能仅仅是外在的、身体层面的行动，还必须追溯到内心这个行动的源头，要从根源上保证身体层面的行动与内心是完全一致的，杜绝作伪，这就把道德实践的根本挪到了心，强调工夫在心上做，所以阳明有"一念发动便是行"的说法。

问知行合一。先生曰：此须识我立言宗旨。今人学问，只因知行分作两件，故有一念发动，虽是不善，然却未曾行，便不去禁止。我今说个知行合一，正要人晓得一念发动处，便即是行了。发动处有不善，就将这不善的念克倒了，须要彻根彻底不使那一念不善潜伏在胸中。此是我立言宗旨。（《传习录下》）

一念发动便是道德行动的开始，显然这就更加注重行动的内在动机。诚然，人的动机未必会发展为具体的行动，但所有外在的行动必然是从内在动机开始的。阳明主张从行动的源头上来整饬人的行为，这是端本澄源的工夫。

因此，即便你没有外在的恶行，但内心有不道德的念头，也是需要对治的。我们常说"想想总可以吧"，按阳明的说法，想也不行，因为即便你没有最终落实为外在具体的恶行，但长期积习，必然会在你心中生根发芽，所以对治人心意念是最为重要的，是行动的开始。

在理学传统中，学者通常是把"行"理解为身体层面的具体行为、物理行动，是在心之外的，而心更多的是和"知"相关，这也符合一般的常识。阳明把心理活动也看成行，旨在强调身体层面的行为都是心做出来的，是心的外化，诚于中者必形于外，道德实践要首先在心上做工夫。

· 良知即天理

在传统哲学中，"诚"通常与"伪"相对，诚者无妄无伪，人心的诚同时意味没有人伪，"诚"所展示的正是人心的本然状态。既然"心即理"，天理就在人心的本然状态处呈现，那么"诚"中也就必有天理。

不过，在朱熹那里，天理是"知"的对象，而阳明则认为天理就是"知"本身，或者说，天理正是以知觉的形式呈现自身：

知是心之本体。心自然会知，见父自然知孝，见兄自然知弟，见孺子入井，自然知恻隐，此便是良知，不假外求。若良知之发，更无私意障碍，即所谓充其恻隐之心，而仁不可胜用矣。（《传习录上》）

心即理，而"知"是人心的本体、本然状态，因此知觉之中即呈现着天理。换言之，人心具有一种先天的价值感知，能知孝、知弟。阳明认为这就是孟子说的"良知"：

良知是天理的自然明觉发见处，故良知即天理（《传习录中》）

所谓"明觉发见"是指人心对当下的活动（包括心理活动和外在行为）具有某种道德判断：在"见父"的行为中会知"孝"，在"见兄"的行为中会知"弟"。

天理因而表现为良知明觉，此亦即孟子所谓"是非之心"。在此，作为道德判断、价值感知的"知"，不是对某种客观知识的认知，而是一种道德直觉，是天理在人心的透显。

·知行合一

在王阳明的哲学体系中，知和行是从两个侧面去描述人心活动的本来样貌、真实状态的，知、行在概念上可分，在实践上不可分。所以阳明说："知行原是两个字说一个工夫。"（《答友人问》）又说："若会得时，只说一个知，已自有行在。只说一个行，已自有知在。"（《传习录上》）知行是互相涵摄的，知中有行，行中有知：

知之真切笃实处即是行，行之明觉精察处即是知，知行工夫本不可离。只为后世学者分作两截用功，先却知行本体，故有合一并进之说。（《传习录中》）

从知的一面言，知是天理在人心的透显，人心只要没有私欲，就知得真切，则发心动念完全符合天理，这种真"知"的笃实不息，就会自发地推动符合天理的道德行动。从行的一面言，在道德行动的过程中，人心时时能精察行动自身的是非善恶，表明行动中始终都有良知明觉存焉。因此知与行相互涵摄、不可二分，知行的合一，用理学的术语来说，是即主宰即流行。

"知行合一"的提出，是针对朱熹的知行分别而论的，它从理论上彻底断绝了"知先行后"的可能性：由于阳明主张"人心一念发动便是行"，而"人心实无无念时"，这意味着现实中的人无时无刻不处于行之中，那么在"行"之前就不可能还有一个"求知"的阶段，知先行后在理论上便不成立了。

不过，在现实生活中，人们往往会有"知而不行"的状况，这是否意味着知、行是分开的，人们的"不行"是源于他们的"不知"呢？

爱曰：如今人尽有知得父当孝、兄当弟者，却不能孝，不能弟。便是知与行分明是两件。先生曰：此已被私欲隔断，不是知行的本体了。未有知而不行者，知而不行，只是未知。圣贤教人知行，正是要复那本体，不是着你只恁的便罢。故《大学》指个真知行与人看，说如好好色、如恶恶臭。见好色属知，好好色属行。只见那好色时，已自好了，不是见了后，又立个心去好……就如称某人知孝，某人知弟，必是其人已曾行孝行弟，方可称他知孝知弟……

知行如何分得开？此便是知行的本体，不曾有私意隔断的。圣人教人，必要是如此，方可谓之知。不然，只是不曾知。（《传习录上》）

这里王阳明借用《大学》"诚意章"的"如恶恶臭，如好好色"来说知行的本体，即本然状态。阳明认为，当你做到了诚意，已经意味着知在行中了。见好（hǎo）色之知，与好（hào）好色之行是同时并起的，"只见那好色时，已自好了。不是见了后，又立个心去好"。人之知必然会落实为意念之诚，意念之诚便已是行动。

在道德实践领域，人心可能被私欲遮蔽，导致在发心动念之时人心不诚，也就是意念不真切，从而"知"不能落实为"行"，知行分离、为私欲隔断。此时，人心全是人欲流行，已经不是"知行合一"状态下的行，良知也隐而不显。

· 主意与工夫

总之，在阳明看来，"知孝"必然要落实为"行孝"，才是真正的"知孝"。在道德实践中，"未有知而不行者，知而不行只是未知"，知行在本体的意义上是不可割裂的。但知和行虽然是一个，二者却有本末体用之分。王阳明说：

知是行的主意，行是知的工夫。（《传习录上》）

主意即头脑之谓，在知行关系中，知为头脑，良知是人的性善之根，是吾人之所以能成圣成贤的终极根据；失却了良知头脑，则道德修养工夫都将成空中楼阁。由此，主意和工夫其实是体和用的关系，知是行之体、行是知之用，知行有体用之别。

此外，知是人人具有的先天的价值能力，因受到后天私欲的障蔽，人心的"知"往往暂明暂灭，不能做到全体光明；但良知本身不会泯灭，总要在某些机缘下出头。所谓修养工夫，就是从人心当下的一隙之明入手，克己刮摩，诚切己心，不让私欲遮蔽这一隙之明，在行动中成就此"知"。

知是行之始，行是知之成。（《传习录上》）

人心当下的一念开明，就是知行工夫的入路，而工夫的完成则体现为最终行动的落实。如一念知孝，这是行之始，必小心翼翼，躬身奉行，实落于行孝，如此方是真正的知孝，才可谓知之成。

借助主意与工夫、始与成，阳明从知与行的动态过程中具体说明了道德行动中的知行合一。知是体，有体方有用，"知"相对于"行"具有义理上的先在性，是工夫的逻辑起点，道德行动的发端是知、是一念开明。同样，"成"意味道德行动的完成本质上是知的自我成就，按阳明的话就是"止于至善"，因为至善天理的达成是落到具体的行动过程中实现的。

第五节　致良知

阳明后来发现，简单的"知行合一"四字表述，已不能表达出知行内在的复杂关系，也未能明白地点出工夫路径。经过长期思考探索，阳明终于找到了点铁成金的真诀——"致良知"。

"致良知"与阳明早年的"心即理""知行合一"等思想有着内在的统一性，代表着王阳明心学思想的完全成熟，是其一生思想的总结。

·良知的基本意涵

王阳明以良知立教，"良知"概念源自孟子。

孟子曰：人之所不学而能者，其良能也。所不虑而知者，其良知也。孩提之童，无不知爱其亲者，及其长也，无不知敬其兄也。亲亲，仁也。敬长，义也。无他，达之天下也。（《尽心上》）

首先，良知是"不虑而知"，是先天本有。即是说此"知"不是通过人为思虑、理性判断等思维活动获得，而是一种直接呈现。"良"有善义，良知是人的道德本能，故孟子说孩提之童皆"知爱亲、知敬长"。

其次，良知是人禀受的"天命之性"，纯善无恶之本体，包括了仁义礼智。这层意思结合了孟子"四端之心"的提法，即恻隐、辞让、羞恶、是非之心，乃人之所皆有：

> 恻隐之心，仁之端也；羞恶之心，义之端也；辞让之心，礼之端也；是非之心，智之端也。人之有是四端也，犹其有四体也。……苟能充之，足以保四海；苟不充之，不足以事父母。（《公孙丑上》）

最后，良知能先天地知是知非、知善知恶。因此，在四端之中，阳明尤其重视是非之心，相应地在仁义礼智四德中也尤其重视"智"德。人于当下的一切行为都有一种价值感知，自能判断是非善恶，价值的标准在人心而不在外。正因此，阳明又把良知称为灵明、明觉。

良知的以上几层意涵，可概述在他的以下几句话中：

> 是非之心，不待虑而知，不待学而能，是故谓之良知。是乃天命之性，吾心之本体，自然灵昭明觉者也。（《大学问》）

·致良知

致良知是王阳明晚年提出的工夫宗旨，他认为《大学》"致知"的"知"字就是《孟子》所讲的"良知"，由此把"致知"发挥为"致良知"。致，意思是实行、推致，"致良知"即实行此良知的价值判断，推致于身心行动。致知是知的工夫，而格物便是行的工夫。王阳明在知行合一的框架中赋予了《大学》"致知格物"以全新意涵：

> 所谓致知格物者，致吾心之良知于事事物物也。吾心之良知，即所谓天理也。致吾心良知之天理于事事物物，则事事物物皆得其理矣。致吾心之良

知者，致知也，事事物物皆得其理者，格物也，是合心与理而为一者也。（《答顾东桥书》）

所谓致知，是推致吾心良知之天理，天理就表现在心之流行的明觉精察处。前文提到，王阳明将人的行动追溯到心的一念发动，于此处精察而用力便是诚意工夫，阳明进一步认为，凡人心意念必有所涉着处，这便是所谓的"物"。"意用于事亲，即事亲为一物；意用于治民，即治民为一物；意用于读书，即读书为一物；意用于听讼，则听讼为一物"，又说"心外无物，如吾心发一念孝亲，即孝亲便是物"。意念着于孝亲、读书、治民、读书、听讼，则这些事或行为都便是"物"。显然王阳明是以"行为物"来界说"物"字，故"物"不可狭隘理解，而是可泛指日常行事。

在此，阳明从意念的涉着处，将事事物物都收归于心，既然心外无物、心是行为的源头，那么格物也就成了格心：

格者，正也，正其不正，以归于正也。（《传习录上》）

因此所谓格物，即是正人心的念头。"正"的依据是吾心本有的"良知天理"，良知能知是知非，依着良知的是非判断而诚其意念，不作私欲，以至于天理在事事物物上得以实现，这便是物格。从格心始，以正物成，即是一个完整行动过程。在此过程中，吾心之良知天理贯彻于身心行动而得以推致其极，这便是致知。如同"知行是两个字说一个工夫"，格物和致知也是同一工夫的两面。

王阳明"致良知"宗旨的提出，是"以知统行"，更突出了良知的本体地位，工夫就是实行良知所知，由心而身，推致其极，本体、工夫一起俱到，语义完备饱满。

归根结底，王阳明的"致良知"体现了反求诸己的内向工夫路径，是对程朱理学为代表的向外求理工夫的彻底反转，阳明宣称：

尔那一点良知，是尔自家底准则。尔意念着处，他是便知是，非便知非，更瞒他一些不得。尔只不要欺他，实实落落依着他做去，善便存，恶便去，他这里何等稳当快乐；此便是格物的真诀，致知的实功。（《传习录下》）

这段话说得明白痛快！良知是你的自家准则，无事外求，"这良知还是你的明师"（《传习录下》），只要依着良知的是非善恶做去便是，如此工夫，人人知得，亦人人做得，真是简易直截。

·良知的随机指点

良知作为价值感知，为人当下能感受得到，故良知可随机指点，致良知工夫随处可用，这是王学在实践上的一大特色。

如《玉尘新谭》载："一士从王文成学，初闻良知，不解。卒然起问曰：'良知为黑为白？'一坐失笑。其人惭而色赧。王徐曰：'良知非白非黑，其色正赤耳。'"羞愧而脸赤，这是以四端中的"羞恶之心"来指点良知。

同样的例子还见之于阳明三传弟子韩贞与野老的对话：

有一野老问先生曰："先生日讲良心，不知良心是何物？"先生曰："吾欲向汝晰言，恐终难晓，汝试解汝衣，可乎？"于是野老先脱袄被，再脱裳至裤，不觉自惭，曰："予愧不能脱矣。"先生曰："即此就是良心。"（《乐吾韩先生遗事》）

王学中有很多非常生活化的例子，指点者往往没有艰涩的学术语言，而是以明白简易、接地气的对话，直指人心，眉睫之间，使人当下即有醒豁。

王学高扬主体价值，良知自足，不假外求，他们宣称"个个心中有仲尼"，只要依着自己内心本有的是非去行，就是天理流行，就是圣人之徒，而这与外在的知识没有必然的联系，甚至读不读书都不成其为必要的条件，"成圣"的门槛大大降低。

我们看到，王门弟子中有不少来自社会底层的人物，有灶丁、陶匠、樵夫，贩夫走卒、三教九流，无所不包。这些人往往极具担当精神，以师道自任，他们经常集会讲学，走村访野，从者如市，还编写通俗直白的歌谣，在田间传唱，影响极为广泛。

在阳明去世后不久，王学即风行天下。

结语

王阳明思想近承陆九渊，远绍孟子，他的"心即理""知行合一""致良知"等论述均可在孟子处找到依据，是继孟子后心学发展的又一高峰。阳明学作为宋明理学发展的巅峰形态，将宋代以来高扬道德理性的传统彻底落实为人人本具的"一念良知"，挺立主体意识，阐扬力行哲学，是中华文明重要的精神资源。

【思考题】

1. 从具体文本语境来谈谈你对"心即理""心外无理"的理解。由此再谈谈我们努力学习科学知识的意义在哪里。

2. 结合具体文本，谈谈你对"知行合一"的理解。你认为"知行合一"能真正解决现实生活中的"知而不行"吗？给出理由。

3. 梁启超在《王阳明知行合一之教》中说："现在（尤其是中国的现在）学校式的教育，种种缺点，不能为讳。其最显著者，学校变成'知识贩卖所'。办得坏的不用说，就算顶好的吧，只是一间发行知识的'先施公司'。教师是掌柜的，学生是主顾客人。顶好的学生天天以'吃书'为职业。吃上几年，肚子里的书装的像蛊胀一般，便算毕业。毕业以后，对于社会上实际情形不知相去几万里。想要把所学见诸实用，恰与宋儒高谈'井田封建'无异，永远只管说不管做。再讲到修养身心磨练人格那方面的学问，越发是等于零了。学校固然不注意，即使注意到，也没有人去教。教的人也没有自己确信的方法来应用，只好把他搁在一边拉倒。青年们稍为有点志气对于自己前途切实打主意的，当然不满意于这种畸形教育。但无法自拔出来，只好自己安慰自己说道，'等我把知识的罐头装满了之后，再慢慢的修养身心以及讲求种种社会实务吧'。其实哪里有这回事？就修养方面论，把'可塑性'最强的青年时代白白过了。到毕业出校时，品格已经成型，极难改进。投身到万恶社会中，像洪炉燎毛一般，拢着边便化为灰烬；就实习方面论，在学校里养成空腹高心的习惯，与社会实情格格不入，到底成为一个书呆子，一个高等无业游民完事。青年们啊，你感觉这种苦痛吗？你发见这种危险吗？我告诉你唯一的救济法门，就是依着王阳明知行合一之教去做。"

根据上述材料，结合自己的切身体验，你认为该如何依着知行合一之教去规划设计自己的学习生活？

【扩展阅读】

关于《传习录》的注解，对于初学者，邓艾民的《传习录注疏》（上海古籍出版社，2015）是个不错的注本。欲进一步深入阅读，可参考陈荣捷《王阳明传习录详注集评》（华东师范大学出版社，2009）。

梁启超先生的《王阳明知行合一之教》（收入《饮冰室合集》，中华书局，1989）是一部非常好的入门读本，梁先生以知行合一为主轴来梳理阳明哲学，篇幅短小，但精义纷呈，虽是百年前的著作，今日读来，依然十分有价值。

阳明学研究汗牛充栋，欲全面了解阳明学，首先要对宋明理学有概要式的把握，这方面陈来先生的《宋明理学》（华东师范大学出版社，2004）可供一鸟瞰式的省览，另外，陈来先生的《有无之境：王阳明哲学的精神》（人民出版社，1991）也是阳明学研究的经典之作。

通识写作

　　古人尝谓读书有三到,心到、眼到、口到,近之学者往往强调,还必须要手到。这是说,读书须一边阅读一边有所标记撰写,不能满足于仅过目和记诵,否则习之不深、行之不远。对经典阅读类的通识课程而言,读书报告的写作,可督促、引导和检测学生自主阅读,反刍经典内容,提升思维复杂程度和论说表达能力,最终激发学生在与经典的深度互动中,生长并留下属于自己的真实而个性化的思想印记。因此,如果将"经典阅读"理解为一种教学模式,写作读书报告就是内在于这一模式的极为重要而有效的教学方法。文明以止、立德树人,在"文明经典"的阅读修习中,为什么要写读书报告?什么是读书报告的本质?怎样写作读书报告?对这些问题的澄清,不仅是表面的写作要义及方法指导,也是以写作指导促进学生自我成长的修身路径的提示。

第七章
经典阅读与读书报告

　　自主阅读、读书报告撰写、小班讨论、大班讲授，是"文明经典"通识核心课程整体设计上的四个主要环节，这四个主要环节之间，包含紧密的逻辑关联：自主阅读为修习本课的基础，后三者皆为此服务。具体而言，读书报告撰写和小班讨论，是对自主阅读效果的提升、检测，兼及表达能力的训练；大班授课，则是在历史脉络和理论脉络上，为自主阅读效果提供更大的检验参照系，促进课程的每一位参与者与经典文本发生更有深度的"碰撞"。

　　相比小班讨论和大班授课，读书报告撰写对自主阅读的辅助作用更为关键。一方面，进入经典文本，是撰写读书报告的内在要求，没有对经典文本的细致阅读，读书报告必定东拉西扯、空话连篇；另一方面，读书报告撰写是一种思想输出，输出的过程，不是不明就里的学舌过程，而是读者基于全部情感、经验乃至"偏见"对经典文本的消化吸收过程。这意味着，对经典文本的自主阅读，不能是被动和机械的阅读，而应是主动和反思的阅读，如此，读书报告撰写，注定是一种思想"碰撞"的记录，而非经典踩在我们头脑里的鞋印。

　　不管是对"文明经典"通识核心课程整体，还是对读书报告撰写这一具体环节，其根本学习目标，不在于猎取知识，而在于复杂性思维和批判性思维的获得；不在于在纯客观的意义上去探索绝对真理，而在于通过阅读思考去体会古往今来圣贤处事情境，并在真实当下的人生情境和社会情境中去建立自我体察、认知和反思的意愿。因此，如何"认识你自己"，在历史情境

和当下现实的意义上去把握人生在世的位置与意义，便成为其中至关重要的贯穿性问题。

读书报告撰写，既然总需要每一个具体的"我"投入其中，它便不可能具有标准模式，它恰恰看重"个性"和独立见解，反对"平庸"和千人一面。当然，这并不意味读书报告的写作没有一些共性上的要求和规范，而要想把握这些要求和规范，首先需对读书报告这种文体的意义及其本质规定有所认知。

第一节 为什么要写读书报告？

· "可疑"的读书报告

日常生活中，对出具报告这一行为，我们并不陌生，比如实验之后，根据实验的目标、过程及结果，就形成了一份叫作实验报告的东西；体检之后，根据我们参加的检查项目以及检查结果，相关单位也会出具一份体检报告。读书报告，顾名思义，就是阅读之后，将阅读过程所产生的心得体会，形成一份文字记录。

问题在于，一次精心设计的实验过后，或者为达到某些要求和预期而不得不参加的体检之后，似乎出具报告是顺理成章的事情，因为实验或体检过后如果不出具报告，那么实验或体检的过程就将变得没有意义。而日常生活的经验却告诉我们，读书之后即便不出具报告，阅读行为本身似乎不会因此而失去意义。既然如此，我们就会产生一个疑问，读书之后，为什么要写读书报告？

而在回答为什么要写读书报告这问题之前，另外一个问题似乎需首先被回答：为什么我们会觉得，实验和体检之后不出具报告，会取消实验和体检的意义，阅读之后不出具报告，却不会取消读书本身的意义？这里便涉及人类行为方式中两种理性的区分。按照马克斯·韦伯的说法，我们做任何事情，都不同程度被两种不同的理性所驱动或支配：一种叫作工具理性，另一种叫作价值理性。

工具理性以结果为导向，我们为做一件事付出的时间和精力，依凭其结果来取得意义；价值理性则不以结果为根本导向，它更看重动机和过程，认为我们做一件事的意义，主要是由做这件事的动机和过程赋予的。之所以出现上述差异，深层原因在于，赋予我们行为以意义的方式和来源不同。依凭工具理性做事，其意义来源往往是外部世界对个体的要求和期待；而依凭价值理性做事，其意义来源却常常是个体对某种固有价值的"纯粹信仰"。因此，当我们做一件事的动力来自外部世界时，取得结果就是获得意义的前提；反之，当我们做一件事源于价值认同的某种内部驱动，那么便通常不需要特定结果来保证它的意义。

当然，不能武断地说，做实验或体检，完全是结果导向，而阅读就必然是动机和过程导向。相反，做实验，完全可能出于纯粹的乐趣，做体检，也完全可能出于对体检过程的好奇；而阅读，我们也完全可能出于功利，即为了达到某种特定的外部目的而阅读。但在更多日常生活场景中，做实验或体检，总与某种结果挂钩，我们往往为取得某种实实在在的结果，才去做这件事；而阅读，尤其是所谓"课外阅读"，更多却与兴趣、消遣或所谓"素质""修养"乃至"格调"挂钩，而对上述这些乐趣或"好处"的取得，似乎在阅读过程中即可潜移默化达成，而不需要专门再在阅读之后出具一份报告了。

由此，阅读之后不写读书报告，似乎丝毫不会带给我们空虚、荒诞或滑稽的感觉；况且，读书的意义，已由我们早已普遍接受的诸如"开卷有益""读万卷书，行万里路""读破万卷书，下笔如有神"等价值观念所天然保证。反倒是，读书之后要写读书报告这件事，必须给出充分理由，否则，它的合理性和必要性就大为可疑。

·作为"手段"的读书报告

做任何事，都需意义感做支撑。当觉得做一件事很有意义，我们便更具动力和热情；而当认为做某些事无意义又不得不做时，我们常常倾向于懈怠或应付。尽管，多数时候，如休谟所说，习惯是人生的伟大指南，我们完全可以在大量习惯成自然的场景下，不事事追问意义，这并不会带来什么妨害。但对那些尚未"习惯"的事物或行为，我们常常会产生追问其意义的天然冲动，如此才会觉得这个事物或行为"顺理成章"。

　　那么，为什么在经典阅读之后要写作读书报告，写作读书报告的意义究竟是什么呢？

　　当然需明确，这里所说的读书报告，有其特定所指，它首先是"文明经典"通识核心课程中的一个学习环节。如此，写作读书报告的意义是什么这个问题，又可表述为，为什么在"文明经典"通识核心课程中，读书报告写作被设计为一个至关重要的环节？这个环节出现在整个课程设计之中，出于何种考虑，又将起到何种作用？

　　"文明经典"通识核心课程在整体设计上，分四个主要环节：（1）自主阅读；（2）读书报告撰写；（3）小班讨论；（4）大班讲授。四个环节之间有着紧密的逻辑关联。其中，自主阅读是基础性环节，课程设计中的后三个环节，不过是从不同侧面来服务于它。具体说来，读书报告撰写，作用主要是帮助提升自主阅读效果，小班讨论，作用则主要在于对此效果进行检测，在这两个环节中，我们的书面和口头表达能力，也将得到训练；到了大班授课环节，它的作用在于将经典文本放置在其历史和理论脉络中，以期让课程的每一位参与者可以在一个更大的参照系中检验自主阅读的效果，促进其与经典文本"碰撞"出更多火花。

　　那么，如何理解读书报告撰写这个环节对于自主阅读的意义，也就是说，何以读书报告撰写这个环节将有助于提升自主阅读效果？为回答这个问题，首先需对自主阅读对象的性质有清楚认知。

　　作出如下区分，对我们来说并不困难：同样是行万里路，旅游和科学考察是不同的；同样是读万卷书，阅读经典著作和阅读当下流行的网络小说也是不同的。"文明经典"通识核心课程的研读对象，是作为"伟大之书"的文明之"经典"，一本著作在文明的量级可称得上"经典"，它的门槛并不低。任何一本可称得上文明经典的著作，至少要具备以下两方面特征：其一，这本著作对于它同时代的重大问题有回应能力，且这种回应能力在今天仍具生命力；其二，内在素质上它必须具备足够的严肃性、复杂性以及开放性。如此，一本文明经典著作：一方面，它是深深嵌入同时代历史的，能够成为今天去回望历史的"路标"；另一方面，它又是活在当下的，能够成为我们去理解现实的"启示录"。这样，我们必然对它既熟悉又陌生，既信赖它经历漫长时间筛选沉淀而产生的经典性，又不得不承认阅读、理解和分析它的难度。

文明经典著作本身，已经是难啃的骨头，针对它来写读书报告，表面看起来，似乎是在难度上又加了难度。于是，读书报告撰写这一环节的存在，时常让我们在阅读时倍感压力，因为此次阅读旅程，我们不能再如平时常规阅读那样做甩手掌柜了，却必须在阅读的"进货"基础上，完成随后"生产"和"经营"工作。可是，事实的情形，却与我们的一般感觉正相反——读书报告撰写这一环节的设定，其根本宗旨，实际上在于帮助我们降低经典阅读的难度。

经典如海，做孤胆英雄，纵身一跃，固然潇洒，可却极容易迷失方向。读书报告撰写这一环节及相关的思考题预设，根本在于提供了一个目标和航向，这就使我们在经典阅读时，不是无准备、无预期的进入，而是带着问题和目标感主动进入。主动的、带着问题的阅读，与被动的、机械性的阅读，效果有天壤之别。原因在于，我们的阅读对象是极其博大和复杂的，这决定了我们必须保持谦虚态度、使用有效阅读策略。纵使聪慧如苏轼，也坚持"八面受敌"读书法，即每次阅读只从一个视角或问题进入，反复多次阅读，才可称得上对所读之书的要义有所精通。漫无目的而随心所欲地在经典海洋中遨游，非但难以收益丰厚，反倒容易竹篮打水，以至影响我们的阅读自信。

因此，读书报告作为被设计出来的"要求"，内置于自主阅读过程之中，实际作用在于对自主阅读的引导与督促，它旨在促进阅读，而非限制阅读，旨在降低难度，而非增加难度。如果阅读效果得到真正提升，文思自然如泉涌，在此状态下，读书报告的文字版本也便不过就是阅读行为水到渠成的后果。

· "用笔思考"与"用脑思考"

既然读书报告看起来只不过是一种提升阅读主动性和目标感的手段，那么，是否当我们学会带着问题主动阅读之后，就可以抛弃这个手段呢？

并不可以。原因在于，读书报告除在课程环节设计上有其功能外，它自身还具备不可取代的思想助产作用。写作本身，绝非只是单纯将头脑中的想法记录下来，它还具备对思维潜能的提升效用。这里就涉及"用笔思考"和"用脑思考"的差异问题。

所谓用笔思考，指的不是键盘或笔墨能思考，而是说它们可成为思考的得力帮手。键盘或笔墨辅助思考，体现在写作过程中，使思考具有"一步一个脚印"向前进展的特征，它宛如梯阶，让我们步步为营，不断攀升。

具体说来，思维运作过程"瞻前顾后"的倾向，在写作中得到了最佳的实现舞台，即正在写作的部分，总要考虑其与前文的连续性和呼应性，同时它本身又要不断为后文的继续展开创造条件。如此不断"瞻前顾后"地持续推进，会使思维自身被不断增加的"垫脚石"越抬越高，实际上意味着思维的链条被拉长了。而且，这一被拉长的思维链条中的每一个环节，已经被文字形式相对固定，因此极方便我们将前后文不断比对、反复查验，确保其逻辑的连贯性和一致性，如此必将提升思维对复杂性问题的处理能力和作者的自我诘问程度。

与之相对，所谓用脑思考，指的是不动笔墨的思考，这样的思考，天然趋向天马行空，会带给我们极为自由的舒畅感觉。然而，受限于记忆能力和思维运作能力，单凭头脑思考，时常如开闸洪水，气势固然大，可其漫无目标的耗散性，却往往要大于建设性。因为野性的思维力量如果缺乏必要的约束和引导，往往容易用力过猛，极可能起初一炮冲天，却后程乏力，半途而废。况且，这种不动笔墨的思考，因其始终停留在观念形态，也便相应缺乏严格"出厂检验"流程，即缺乏一个被反复检查、确认无误的自诘过程。未经充分检查的自然形态思考内容被直接表达出来，往往效果欠佳，最常见的局限就是容易简单化和片面化看问题，难以建立对思维对象的整体性考虑和复杂化认知。

某种意义上，用笔思考和用脑思考，大体可类比于数学运算中的笔算和口算。简单算术问题可轻易用口算完成，然而面对复杂算术问题，笔算则是准确完成计算的必要手段。这又可类比于建房子，一座房子被建造起来，当然要靠设计师的蓝图，同时更要靠泥瓦匠将一砖一瓦依次摆放黏合起来。如果阅读思考过程相当于绘制蓝图，那么读书报告撰写则类似于盖房子的具体

过程和实际结果。

用脑思考可以帮助我们确定建造一座什么样的房子，但设计的观念如何落到实处，建成一座结构坚固、布局合理、外形美观的房子，就必须依靠"一笔一画"的建造过程，并且，建造过程中，还要不断修正、打磨最初蓝图中不尽合理或有待完善之处。在这个过程中，我们还会发现，一如在水中学会游泳，在战争中学会打仗，建房子或写作的能力，只能在建房子或写作的过程中才能得到提升，这是难以绕过的"旅程"。

第二节　读书报告是什么？

·此"报告"非彼"报告"

在自主阅读经典文本时，想到读后还要结合相应思考题撰写读书报告，阅读经典文本的主动性和目标感便会增加，进而提升经典阅读效果；同时，撰写读书报告时用笔思考这种思维运作方式，能帮助拉伸思维链条长度，进而增进我们对阅读对象整体性和复杂化的考虑程度；在写作过程中，我们的思维能力和写作表达能力也将得到同步训练。这是"文明经典"通识核心课程读书报告撰写环节的重要功能和意义所在。

然而，明白做一件事的意义，未必意味着知道这件事的本质，如果无法弄清一件事的本质，即便相信这件事有意义，颇值得一做，却未必能准确找到做这件事的门径和方法。原因在于，做一件事的门径和方法，不由这件事的意义或功能决定，它只能来自一件事自身的内在纹理或质地，也就是它的本质规定性。庖丁解牛何以游刃有余？庖丁自谓："臣之所好者，道也，进乎技矣。"在庖丁看来，"道"优先于"技"，而什么是"道"，它指的就是事物自身的内在规律，也就是其本质规定性。那么，读书报告究竟有什么内在规律？什么是读书报告的本质规定性？

还是从出具报告这一行为说起。首先做一个概念上的分辨：我们日常生活中遇到的各种"报告"，它们内在意涵都一样吗？仍以实验报告和体检报告为例，这里的"报告"，与读书报告中的"报告"，它们指的是同一个"报告"吗？

就性质来说，二者非常相似，不管是读书报告，还是实验报告或体检报告，都无非是对某种行为所产生结果的记录。然而，二者的相似，也仅止于此。稍加分辨，就会发现二者虽同为"报告"，本质规定性上实则大异其趣：对于实验报告或体检报告而言，它们的本质规定性在于其纯粹客观性；而读书报告的本质规定性，却体现为它的双重交融性，亦即，历史情境和当下现实之间的交融、作者"个性"和经典要义之间的交融。

我们去做一个实验，或去做一项体检，在实验报告和体检报告中，是不能有丝毫主观成分的，它必须得是对客观现象的真实记录和分析，其中不能掺杂进任何实验人员或医生个人的情感和价值好恶。这是由实验或体检活动的本质规定性所决定的，它们都必须符合科学事实，科学事实只能在严格的客观因果律中获得。

可是，当基于对经典文本阅读撰写一份读书报告时，我们面对的对象，不再是冷冰冰的实验材料或医学仪器，而是凝积着厚重历史内容和思想内容的经典著作文本。这里我们遭遇的不再是"科学"，而是"人学"。所谓"人学"，即关于人本身认知、情感、意志、存在意义以及人与人之间关系、人类社会发展等面向的深刻思考或再现的言说形态。虽长期以来，我们将此也称为人文科学或社会科学，然而这里的"科学"却不能与自然科学中的"科学"画等号。尽管在人文科学或社会科学中当然也有"规律"可循，可在这里鲜有放之四海皆准的所谓科学规律，雅典民主与现代民主不尽相同，基督教道德与儒家道德亦大异其趣。

因此，面对经典文本而作的读书报告，便绝无纯粹客观性之可能，必须在其中抱有历史化和当下化的双重眼光，既要基于真实的历史情境去理解经典文本，同时又不能两耳不闻窗外事，一心只读圣贤书。对经典文本的理解，

没有标准答案可言，我们命中注定地必然带着自己的全部情感、经验乃至"偏见"去与经典文本遭遇。从而，读书报告中的"个性"也便无可回避。

当然，这里所谓"个性"，不能被看作闭门造车的私人性和任意性，因为个体只能是特定历史条件、社会环境的产物，思维过程中所发生的"个性"，只是理解经典文本的一种可能视角、可向他人传达的一种可能经验。这也可说明，为何在读书报告撰写环节之后，"文明经典"通识核心课程还设置了"小班讨论"这一环节，它正在于尝试创造不同理解视角之间碰撞和交流的平台。

值得强调的是，与读书报告撰写的基本特点相一致，小班讨论中的碰撞和交流，也绝不是漫无边际的，更不能是主观肆意的，它必须在历史和当下的双重参照中，与经典文本的要义紧密结合。因为所有这些环节，都要以自主阅读为前提，都要在经典著作所打开的思想视野和框架中开展。

· 读书报告是一种论说文

总结来说，作为"文明经典"通识核心课程重要环节的读书报告撰写，一方面，它内在要求进入经典文本阅读，没有对经典文本的细致阅读，读书报告便成了无源之水、无本之木；另一方面，它内在地要求自主阅读的输出性。所谓输出性，即强调对经典文本的阅读不是被动、机械、旁观的阅读，而是需坚持阅读的主动性、当下性和反思性，即要带着自己的全部情感、经验乃至"偏见"去阅读，让自己的全部情感、经验乃至"偏见"与经典文本的内容和形式发生"碰撞"，读书报告即是对这种"碰撞"的记录，成为"进入"经典的"踪迹"。

我们的当下"个性"，与作为历史"路标"和现实"启示录"的经典文本相"碰撞"，读书报告作为对此的记录，决定了以下两个后果：第一，读书报告必然是一种需要发表我们看法和观点并结合经典文本对此做出分析和论证的文体，也即是说，读书报告究其本质应是一种论说文；第二，既然我们每个人都是主动带着当下的情境、观念和感受"进入"经典文本，那么每一次与经典文本的遭遇和碰撞，就必然包含着基于真实当下的人生情境和社会情境去建立自我体察、认知和反思的意愿。由此而论，读书报告撰写必然不可能具有整齐划一的模式，它内在地要求着自身的多样性和个性。

读书报告撰写本质是一种论说文写作，那么论说文又是什么呢？顾名思义，论说文就是以议论、论述为主要表达方式的文体。通俗来讲，如果记叙文最终无非是要讲一个故事，那么对于论说文而言，最终无非就是要讲一个道理。而讲道理这件事，日常生活中我们并不陌生，当我们说"君子动口不动手"，这里所谓"动口"，其实就是讲道理。谁能够令人信服地把道理讲清楚，我们便会说，这个人是讲理的，继而就会有另一个我们同样熟知的说法："有理走遍天下，无理寸步难行。"那么，怎样才能把道理讲清楚呢？

要想把道理讲清楚，在一个有讲理空间的环境下，至少还要包含以下两个方面的要素：

第一个方面，你要是有道理的。有道理的反面，就是无理取闹、胡搅蛮缠。落实到读书报告写作中，在这篇论说文中要讲的道理，也首先应该是有道理的，也就是这篇读书报告的基本论点，应该是有逻辑合理性的、有思想价值的、且要体现一定的社会规范和伦理道德原则。也就是说，读书报告不能是为了去论证某个"歪理邪说"。当然这也并不意味着，读书报告所讲的道理，就要按部就班、四平八稳、循规蹈矩、人云亦云；读书报告鼓励个性，个性的本质是看待问题的一种独特视角和风格，而"歪理邪说"的本质是错误和败坏。

第二个方面，在讲道理的时候，要有基本的听众意识。所谓听众意识，就是我们在讲道理时，要有与他人对话的自觉意识。应时刻谨记，我们是在同他人讲道理，而不是自言自语；我们的目标是想要他人接受我们的观点和看法，而不是沉迷在自己的夸夸其谈中不能自拔，根本不在意自己在讲道理时是否给他人留出一个舒服的聆听位置。读书报告写作也是如此，要有基本的读者意识。也就是说，写作之时，应意识到，读书报告不是私人日记，而是面向潜在读者和对话对象公开性的论说文。因此，必须尝试站在读者角度来考虑自己的写作。当然，保持读者意识，不等于迎合读者、讨好读者，而是要心怀读者，心怀对话意识。

总结来说，在撰写作为论说文的读书报告时，要有道理，这个道理就是这篇读书报告的中心论点，整篇读书报告，都要围绕这个中心论点来展开；

在论证这个中心论点的过程中，绝不能自说自话，必须在内心中保持读者意识，使用具有对话性的清晰明确、逻辑连贯的语言来让读书报告的中心论点得到最清楚的呈现。

第三节　读书报告怎么写？

·读书报告的外形特征

当我们看到一个人，会对一个人的构成有些基本印象，比如一个人是由头、躯干、四肢等构成的。深入而言，头里面还装着大脑，躯干里面还装着五脏六腑，而整个身体里面，还包含各种骨骼、神经、血管、肌肉、脂肪等。甚至这个人的穿着、打扮、行动姿态、精神气象等，也会吸引我们的注意力。一篇读书报告也是如此，它也是由不同部分构成的，这些部分也包括外形上的特点和内在构成上的构造原则。

首先来看读书报告的外形特征。从外形特征上看，一篇完整的读书报告，主要应包含以下几个基本要素：标题、开篇、主干、结尾。以下分而述之。

对于一篇完整的读书报告，标题必不可少。以人体做类比，一篇没有标题的读书报告，宛如无头之人；以人的社会身份做类比，一篇没有标题的读书报告，则相当于无名之人。

标题作为一篇读书报告的"头"和"名"，它的重要性自不待言。那么一个好标题应该是什么样呢？它至少应符合两个基本要求：其一，应能概括整篇读书报告的核心观点，成为全文"主脑"的概括化体现；其二，应与全文构成相辅相成的关系，成为整篇读书报告的有机组成部分，而不是一个可有可无的标签。

就功能而论，标题除概括全文核心观点并成为其有机组成部分外，它的

"引入"作用也应引起我们重视，即，一个好的标题应成为吸引读者进入全文阅读的"广告词"，成为对全文有凝聚作用的"引力场"，甚至它还可以成为引燃全文的"导火线"。

开篇，对于读书报告也至关重要。开篇之于读书报告全文的作用，相当于旅游景点进门处的导览图之于整个景区的作用，它们便于读者和游客规划"路线"，不至于初来乍到就晕头转向。在读书报告的开篇，作者应向读者展示：在这篇读书报告中，我将向你论述一个什么问题，何以这个问题，又是具有重要性的。这其实就是所谓开宗明义或开门见山。

当然，做到开宗明义或开门见山，也未必见得读书报告第一句话就直陈观点，有时，简洁而适当的铺垫，也会对文章观点的提出起到"引入"效果。比如，可以引用与论题紧密相关的经典原文或名人名言乃至生活现象等来做铺垫，它们就会像诱饵或催化剂一般，一方面把读者引进来，另一方面则把中心论题引出来。

读书报告的主干，相当于人体的躯干，"主脑"之外的所有重要"器官"，都包含在读书报告的这一部分，因此，从篇幅上说，它在一篇读书报告中的吨位是最大的。而在这里，要做的事情只有一件，那就是竭尽全力用充足的证据和合乎事实与逻辑的严密论述过程，论证清楚这篇读书报告的中心论点。

那么，证据从何而来？对于"文明经典"通识核心课程的读书报告写作而言，证据主要来自经典著作的原文及其核心要义，当然，证据也包括我们在日常生活和阅读中所获得的理论观点、积累的人生经验、观察到的生活现象等。既然读书报告本质上是一种论说文，那么在写作过程中，必须做到，有一分证据，说一分话，而不能凭空臆想或逻辑跳跃。一篇读书的中心论点是否有说服力，主要就看这个主干部分的论证工作是否做得到位。

完成标题、开篇和主干后，一篇读书报告提出问题和论证问题的过程也就完成了，在结尾，可对全文作出适当总结。这一总结，可以是对全文中心论点的重申，也可作为对文章中因其论域限制而未能充分展开内容的补充交代。读书报告的延展性，就体现在这里。所谓延展性，即承认本篇读书报告的有限性。任何读书报告，必然都具有有限性，因为它只能围绕一个中心论点展开论述，而这个中心论点，放在更大的视野或论域里，只不过是一个分论点。因此，读书报告结尾的这种写法，便是坦白交代，这份读书报告，只是对一个问题的阶段性回答，而不是终极性回答。

这里，还需对一种可能出现的不良倾向作出提醒，那就是读书报告的结尾不能写成口号式、表态式、夸奖式或者抒情式的，这样的写法，都是终结性和空洞性的，它常常流于空疏，变成语言的自我繁殖，变成为了结尾而结尾的写法。从实际效果看，这样的写法更近似于狗尾续貂、花拳绣腿和自欺欺人的语言戏法，它只能给读书报告带来"完整"的假象，实际带来的却是更大的"残缺"。

对于读书报告的"外形"，最后还应注意格式上的正确和美观。所谓正确，即应避免错别字和语病，标点符号应正确使用，段落首字应缩进等；所谓美观，即应始终有读者意识的自觉，正如我们出门前要照照镜子、理理头发、换换衣服一样，读书报告也应在整体形象上具备基本的体面和美感。不分段落，字体、行距过小，黑压压一片，不美观；段落区分过碎，字体、行距过大，稀稀落落，也不美观。所谓见字如面，文章也是我们自身性格、气质、修养的某种体现和表达，虽在读书报告写作中，最重要的是其中的"干货"，但如果能将"干货"打扮得干净利索、漂漂亮亮，也是一种较易实现的锦上添花。

· 读书报告的构造原则

如果读书报告是一座建筑，那么，我们基于自身"个性"与经典文本碰撞得出中心论点的过程，就是一个设计师绘制出蓝图的过程，但这还只是观念层面的运作，想要最终得到一座结构牢固、经久耐用的建筑，我们还需具备基本的泥瓦匠技能，将设计师的蓝图，按照一定的构造原则，一砖一瓦地落实下来。那么，在读书报告写作中，我们应该坚持哪些构造原则？

第一，以经典原文为中心。在"文明经典"通识核心课程读书报告撰写环节，经典文本是写作读书报告的"原材料"。因此，读书报告写作中，必须紧紧围绕所阅读经典文本，关注其中主题、结构、形象、观念等层面的具体问题，可从小处着眼，从一个易把握的切口进入，凝练出读书报告将要去谈论的中心论题，更要以此为基础去完成对这个中心论题的论证。

正如对于泥瓦匠而言，石灰、水泥、砖瓦等构成他展开工作的基本材料，对于读书报告写作而言，经典文本便是我们的基本材料。在这个意义上，读书报告虽然不反对旁征博引，但是并不鼓励一味旁征博引，如何更好地基于经典原文做好材料上的准备和预制，细腻、准确地建立前后文关联、既有分解又有综合地分析经典原文，并借此提出和论证自己对相关问题的看法，才是读书报告应该坚守的第一要义。归根结底，读书报告首先一定要基于经典阅读的理解。

第二，需言之有物。何谓言之有物？通俗地说，即读书报告中，应充满干货，不注水分。还是以建筑来做类比，完成一座建筑，实际包含两个不同阶段，一个是建造阶段，另一个是装修阶段，建造房子与装修房子是中心任务完全不同的两个阶段，写作读书报告主要对应的是建造房子的阶段，在此阶段，真材实料比华而不实要关键得多，结构坚固比外形靓丽要重要得多。

当然，这样说并不意味，对于读书报告写作而言"装修"就不重要，只是应回避"装修"中所可能出现的一些不良倾向。如过于华丽铺张，这对应到读书报告写作，就是过于文学化，即堆积大量繁复修辞和空洞抒情，逻辑过于跳跃甚至缺乏基本逻辑；又如过度矫饰化，这对应到读书报告写作，就是使用过多空话、套话、官话，穿靴戴帽，架空论述；再如材料不环保，这对应到读书报告写作，就是使用过多自己尚未充分理解的概念、术语、范畴，这样做，似乎看起来会使文章"高大上"，可倘若过多夹生使用，反而容易让文章变得"消化不良""血管梗死"，出现明显的"毒素"反应。

第三，注重谋篇布局。所谓谋篇布局，无非是指在一篇文章中，先做什么，后做什么，按某种有意识的秩序组织，最后使每一部分组合在一起达到一加一大于二的效果。正如一大堆砖瓦材料，按序最后组成建筑，建筑便具备了个别砖瓦所不具备的功能和价值。就读书报告写作而言，它本质是一种论说文，论说文的核心元素，即论点、论据、论证。读书报告的谋篇布局，也无非就是把一个论点用充分证据，在分析性、逻辑性和层次性的论述过程中论证出来。

　　所谓分析性，即读书报告要分析问题，就必然需要将问题分而析之、层层深入，如此读书报告便具有纵深层面上的推进性或推导性特点，而不应是平面化的机械重复或修辞重复的样貌。在这个意义上，那些对经典本身纯粹知识性乃至常识性内容的罗列，便只能称得上是描述或复述，而不能称得上是分析或论证。

　　分析，体现在读书报告中，一定是对经典文本的分析，那么在读书报告写作中的分析过程，经典文本就占据核心的主体地位，"我"的所有言说，不是表达"我"的喜好，而是表达"我"对经典文本的理解，因此，读书报告中更多的表达方式应是《伊利亚特》文本怎么说，《诗经》文本怎么说，而非"我"对这些文本单纯评价性或感受性的语言。后者主观、武断、情绪化，不具有公共性，前者才是摆事实、讲道理，可验证、可论辩。读书报告一出，其真理性不在于是谁说的、谁写的、谁喜欢的、谁厌恶的，而在于它言之有物、言之成理。

　　所谓逻辑性和层次性，就是指读书报告写作中的分析和论证，要有基本秩序，先分析和论证什么，后分析和论证什么，二者之间是什么关系，要时时心中有数，把握好其中来龙去脉的连续性和关联性。

　　这里也需注意，逻辑性和层次性的读书报告写作要求，不仅体现在读书报告的总体结构安排上，还体现在段落与段落之间，以及段内句子与句子之间的关系之中。说一篇读书报告的论证过程是严丝合缝的，其实就是在说一篇读书报告的写作在推进过程上是具有分析性的，而分析过程的不同环节之间，从句子到段落，从段落到篇章，又都是具有逻辑性和层次性的。

　　实际上，一篇读书报告分析过程的逻辑链和层次链，也就是它推进思路的致密"脚印"，也可说就是这篇读书报告的文脉。文脉畅通，一篇读书报告才能真正具有动感和活力，看起来不是一堆僵死的砖瓦，而是如生气贯注生命体一般，读之宛如参入到一场"灵魂的冒险"，不禁为之拍案叫绝。

结语

本章主要回答三个问题：为什么要写读书报告？读书报告是什么？读书报告怎么写？搞清楚意义，才能获得动力；搞清楚本质，才能获得方法；搞清楚规则，才能更加自由自在。

经典阅读与读书报告写作，并非神秘之物。我们常说"言由心生"，又有谁是无心之人呢？但凡是有心之人，总要有话说，话说出口，却不尽相同；某些场合下，不同"言"的"水平"，高下立判。因此，很多时候，我们愿意听某人说话，听得满心喜悦、如饮甘泉；相反，还有一些场合，我们不得不去忍受很多聒噪和呓语。

经典阅读是什么，无非"修"心，读书报告写作又是什么，无非"炼"言。"修"心有不同法门，经典阅读的法门，即强调我们应将自己放置于历史和现实之中，在与经典碰撞中"认识你自己"，认清"自己"以及自己所位身的现实情境和观念情境的来龙去脉。"炼"言也有众多方法，读书报告写作，是伴随经典阅读的一种思维和表达训练，让我们学会在经典打开的思想空间和视野里，发现问题，分析问题，并将之诉诸行之有效"讲理"的语言结构当中去。而无论"修"心还是"炼"言，在此都高度依赖于自主阅读和大量写作，在实践处事之外，注重阅读与写作，对于促进自我发展、成就自由而宽广的境界，无疑是一条"人迹更少"的道路，但既然要走，何不"潇洒走一回"？

【思考题】

1. 谈谈读书报告与实验报告或体检报告之间的差异。

2. "用笔思考"和"用脑思考"有何不同？

3. 既然读书报告写作注定是"个性"的，那么为何还具有可交流性？

4. 如何看待读书报告写作中的"读者意识"？

5. 谈谈你对读书报告写作中论点、论据、论证之间关系的认识。

【扩展阅读】

写作困难症是当代大学生中较为显著的问题，刘军强《写作是门手艺》（广西师范大学出版社，2020 年版），正从这样的问题意识入手，结合生活和自身从教经验，手把手教读者写文章。此书充满哲思妙语和深入浅出的样例，涉及写作中的文体、风格、提问、文献、论证、结构、故事等各方面。

写作应成为读书人、文化人的基本技能，而不是什么高要求，因此写作的训练应该是所有教育阶段的基本科目，理应成为覆盖全体学生的"通识"课程，许多高校因此也成立了通识写作中心，开设了相关课程，出版了系列成果，代表性成果如葛剑雄主编的《通识写作：怎样进行学术表达》（上海人民出版社，2020 年版），以及苏婧的《大学写作通识 12 讲：送给学术小白的公开课》（清华大学出版社，2022 年版）。